本书获广东外语外贸大学外国文学文化研究中心所承担的广东省“211 工程”三期重点学科建设项目“人文学中心建设——比较文化视野的文学通化研究”经费资助

本书系国家社科基金项目“江湖十八本研究”（编号：10CZW032）及河南省科技厅软科学项目“关于中原经济区城市公共文化服务体系建设的研究”（编号：132400410973）的阶段性成果

人文学丛书

人文学丛书 第三辑

主编 栾栋

波德里亚理论及其在中国的传播

裴 云 著

暨南大学出版社
JINAN UNIVERSITY PRESS

中国·广州

图书在版编目（CIP）数据

波德里亚理论及其在中国的传播/裴云著. —广州：暨南大学出版社，2014.6

（人文学丛书·第三辑）

ISBN 978-7-5668-0979-7

Ⅰ.①波… Ⅱ.①裴… Ⅲ.①波德里亚，J.（1929—2007）—哲学思想—研究—中国 Ⅳ.①B565.6

中国版本图书馆CIP数据核字（2014）第061434号

………………………………………………………………………………………………

波德里亚理论及其在中国的传播

著　　者： 裴　云

丛书策划： 史小军
责任编辑： 吴筱颖
责任校对： 徐晓俊

地　　址： 中国广州暨南大学
电　　话： 总编室（8620）85221601
营销部（8620）85225284　85228291　85228292（邮购）
传　　真：（8620）85221583（办公室）　85223774（营销部）
邮　　编： 510630
网　　址： http：//www.jnupress.com　http：//press.jnu.edu.cn
排　　版： 广州市天河星辰文化发展部照排中心
印　　刷： 佛山市浩文彩色印刷有限公司
开　　本： 787mm×960mm　1/16
印　　张： 12.5
字　　数： 211千
版　　次： 2014年6月第1版
印　　次： 2014年6月第1次
定　　价： 30.00元

总　序

栾　栋

克服“单面人”生产和突破“块垒式”教学，探索宽基础、大口径、深层次培养通识通才的途径，是世界所有高校的重大难题，也是广东省建设文教大省不可回避的关隘之一。从2003年12月起，我们以省普通高校人文社会科学重点研究基地外国文学文化研究中心为依托，进行了集约性融通的尝试，一系列成果聚焦于“人文学中心建设——比较文化视野的文学通化研究”。2008年底，我们以此为题，获省“211工程”三期重点学科建设项目立项，一个融通人文学科的核心实践在广东外语外贸大学拉开序幕。2012年底，该工程经省发改委、教育厅、财政厅组织专家审核，顺利通过验收，这一项“从无到有的创制”首战告捷。

何谓人文学？从学科脉络上讲，她是研究文史哲互根的学问；从学术本质上看，她是求索中西学融会的艺术；从学理辐射而论，她是探讨教科文贯通的方略；从学丛变数展望，她是文科大类场域趋通的津渡。我们将之作为文学化感通变的“核心加速器”，从“比较文化视野”多向度运作，以推动中外语言文学的通化性研究。这是我们创新团队数十年的精心设计，是我校长期师资建设和学术积累的集成绽放，是我校的比较文学在本科、硕士、博士学位授权点和博士后流动站配套后的新拓展，尤其是我校作为省属涉外型重点大学对“明德尚行，学贯中西”校训的认真践履。

“人文学中心”是广东省文科基地（外国文学文化研究中心）重点项目建设的一个工作站。本中心面向海内外招聘学术带头人和教研骨干，大力推动国内外同行间的多向交流，旨在打破近代以来人文领域分科治学人为分界的局限，同时坚守合理的规则，以具有长远规划、长期积累和趋向性影响的重大项目实施，带动人文主干学科的多面建设。

从省文科基地已经完成的“人文学研究”成果和全校人文力量的整合情况来看，以“人文学中心建设——比较文化视野的文学通化研究”为题，全面推进省“211 工程”三期重点学科建设项目的效率日益加强。广东外语外贸大学的人文人为学校、全省和全国高教界践履这一历史使命作出了突出的成绩。这个工程已经如期结项，然而其积极的成果还在源源不断地涌现，科研成果的实践性转化也在与时俱进地展开。

本团队积极进行中外语言文学的教研改革，力求在人文学探索上有较大的突破，把中心建成教学科研、学术交流和资料信息的综合平台，努力实现省内领先、国内出色的目标，扩大在国际学术界的知名度。增强实力，协调运作，承担对本学科发展具有中长期导向作用的重大课题，使本中心成为国内外有一定影响力的人文学高层次人才培养基地和文史哲通化研究的资料中心。

“人文学丛书”是“人文学中心”建设的一个信息窗口，她将本项目的水平标高展现给社会。“人文学丛书”也是“文学通化研究”的一个交流平台，她把本团队融贯文史哲和勾兑中西学的成败利钝呈现出来，与学界同仁品鉴。这套丛书包含三个方面的内容，其一是人文学原理与方法探要，其二是中外文史通义问题求索，其三是中外文学通化现象研究。毋庸讳言，这样一套丛书的编著，连同上述“人文学中心”建设的重大任务，都属于既“吃螃蟹”又“尝蜘蛛”的艰险行动。但是全球化的历史潮流迫使我们斗胆进取，面对国际教科文演变的一道难题，中国的人文学者总得交出自己的答卷。

“人文学丛书”第一辑的 10 部著作已于 2011 年问世，第二辑 10 部著作在 2012 年出版发行。第三辑即本系列 15 部著作整装待发。本辑的第一本是张进教授的《历史诗学通论》。“历史诗学”问题是一个跨越学科语际和时代国别界线的理论和实践问题，关系到当前文艺发展的命脉和全局，但目前尚没有一部打通如上界线的“通论”性质的专题著述。《历史诗学通论》旨在打通学科界线、时代界线和国别界线，对古今中外的“历史诗学”思想资源进行综合比较和通化研究。在文学与史学相贯通的基础上，打通人学与史学、文本学和审美学之间的学科壁垒，对论题展开科际整合研究；在综合古今相关思想资料的基础上，通过历史诗学形态的历史比较研究，揭示其历史演替和范式转换的过程；在跨越国别语际界线的意义上，对中国、英美和俄苏的历史诗学作宏观统照，通过对相关思想的文化比较研究，阐发历史诗学的思想内涵和多重取向，进而实现对历史诗学问题向心式挖掘与横向性贯通相统一的研究目标。在综合比较基础上的通论研究和通化研究是本书的基本特色。

第二本是张进教授的《新历史主义文艺思潮通论》。新历史主义是20世纪70年代末期以来崛起于英美等国的一种跨学科、超国界、多流派的文艺文化批评运动。80年代末，这一“外生”批评运动与中国文艺文化领域“内生原发”的历史文学书写活动策应互动，渐次演变成一种声势浩大的新历史主义文艺思潮，至今仍方兴未艾。它所提出的问题涉及历史哲学观念和历史理性精神的价值取向，关乎文艺文化发展的命脉和全局。本书在当代世界文论和国内文艺的实践背景上，通过对历史文学、历史转向和新历史主义及其间复杂关系的具体研究，以及历史哲学、批评流派与创作实践之间的对勘互证，全方位、立体式地考察这一思潮的精神风貌、思想谱系、文学观念、创作实践、批评探索和价值效应等问题，探索历史理性与人文精神、诗性智慧与历史逻辑的深层对话和整合会通的可能途径，规范和引导历史文学的理论与实践，推动新历史主义文艺思潮在中国文化传承创新过程中发挥出更大的正能量。全方位的会通研究是本书在内容和方法上的主要特色。

第三本是冯晓莉老师的《人文通识教育新论》。人文通识早先被理解为对一般人文知识的撷取。20世纪末叶，人文精神的讨论将之推进到人文思想的层面，近十多年渐次成为国内外高校教育改革和教学研究的重要内容。本书以“人文学”研究为主脉，以当前中国高校的通识教育改革为切入点，全面而深入地探讨了人文通识教育的关键问题，包括人文通识教育的人文学内涵、中西方人文通识教育的历史渊源、外语类大学人文通识教育的实践经验、全球化背景下加强人文通识教育的现实意义等方面。本书内容分为三大部分，共十二章。三大板块分别聚焦于人文通识教育的历史演变、人文通识教育的案例分析、人文通识教育的多向突围。其中关于广东外语外贸大学人文学建设的跟踪研究，可谓人文学前沿的实录和通识教育创新的亮点。

第四本是李安博士的《乔叟文学思想研究》。杰弗里·乔叟（Geoffrey Chaucer，约1343—1400）是中世纪向文艺复兴转变时期的文学翘楚，是英国文学史上里程碑式的人物。他在英语文学中的历史地位，一如但丁之于意大利文学。面对法、意文化的碰撞和思想新潮的冲击，乔叟可谓第一个自觉用本民族语言进行创作的英国作家。乔叟在西方世界很受关注，相关研究颇为活跃。国内的兴趣点主要集中于《坎特伯雷故事集》和《特罗勒斯与克丽西德》两部作品。再早一点的作品几乎被学界忽略。本书作者力求全面观照乔叟的文学思想，将其早期诗歌和后来的作品作整体理解，不仅深入释读《公爵夫人之书》、《声誉之宫》、《百鸟议会》，而且细致剖析作家同期短诗和法语文本《玫瑰传奇》的翻译活动。从意气风发的王室家臣到沉郁顿挫的海关税收官，乔叟经历了始而高举理想、继则怀疑迷惘、最终重立信念的过程。《乔叟文学思想研究》生动地再现了诗人在基督教传统和人文主义过渡中的矛盾性格，扼要地勾勒出了他在贵族阶层理想与历史批判眼光之间的取舍过程。乔叟的诗作曾借女神立言："因此我——自然女神——宣判，我不会撒谎；/我不会对任何阶层有所偏袒。"李安博士赞赏诗人博大的胸怀和对新世界的憧憬，其知人论世的严谨治学和以意逆志的诗学情采，都为本书增色不少。

第五本是陈穗湘教授的《莫里哀戏剧话轮研究》。作者从莫里哀戏剧的对话话语层面，尤其是话轮交替层面突显实现人际意义的语言手段，揭示语言手段所折射出来的社会层面的人际意义。本书的核心是人物的社会身份决定人物采用的语言手段以及非语言手段，譬如：手势语、肢体语言（非语言手段由剧作家对演员的演出指示。反之，语言手段的选择反映人物身份以及社会地位，换言之，人物语言特征取决于人物的社会地位）。本书着重分析了权势者和弱势者人物的语言特征，聚焦于两组人物的对话：主人与仆人、父亲与孩子。莫氏戏剧中的主人和父亲代表权势者，而仆人和孩子象征弱势群体。主仆呈对立关系，主人主宰仆人，仆人唯有服从主人。观察这两组人物采用的语言策略，人物的性格特征也可见一斑。

第六本是袁兆文博士的研究成果——《〈恶之花〉及其现代性研究》。自《恶之花》问世以来，层出不穷的研究大都集中在诗学角度，本书作者重点关注"诗"与"思"融通视域下的思想文化特征。循《恶之花》由诗向思的推进，本研究揭示了波德莱尔精神世界的纠结，揭示了诗人所展现的悖谬的现代性样态，揭示了启蒙现代性与审美现代性的矛盾冲突。作者给我们勾勒出了波德莱尔症结的历史看点，即现代社会深层的现代性焦虑。正如栾栋所言：“波氏诗作和波氏焦虑是互为表里的同一个文化现象，其中隐含着现代性张力，昭显出现代性历史阵痛在‘这一个’作者身上的种种表现。美与丑交织，美与恶同源，美与资本勾结，美与进步错位。《恶之花》的发表象征了审丑的崛起，同时提出了审恶的话题。这本书是思想文化演变的重要节点。而且，《恶之花》引出的审丑论为矫治审美贵族化倾向作出了深一层的解说；《恶之花》体现的应和论为万物相似性作出了神秘性的诠释。”概言之，《恶之花》是人类文明史上的奇葩，在意识上是审丑文艺的生发和扬厉，在创作上是象征方法的凝练和凸显，在思想上是现代主义的溃疡和痼疾，在文化上是自由情感的红杏出墙，在心理上是欲念根底的沉渣泛起，在人性上是精神提升的反面推力。袁兆文的《〈恶之花〉及其现代性研究》在这些方面有明显的突破，其深度和创新程度值得学界关注。

第七本是杨劼博士的《白璧德人文思想研究》。这本著作借鉴栾栋先生人文学思想中的“檃栝理论”，从“文史哲互根”和多元文化涵养通和的思路，深入地论述了白璧德学说的核心思想。白璧德非常关注现代社会分裂人格的问题，提倡内在超越的生命哲学，主张以“人之法则”克制“物之法则”的僭越，并且殚精竭虑地推进二者的调和。他借鉴东方体验、省思的方法，洞察内在超越的生命根源。其“更高意志”是“知性直觉”所感悟到的始源事实，也是一种超越庸常的“道德想象”。在美国崛起的时代背景下，白璧德的人文构设有引领美国和世界文化的理论诉求，其思想有着和平的人文旨归。万物相檃栝，宇宙本超然。作者把工具理性纳入人文理性之中观照，对白璧德学说的研究，多了几分多元文化生态的意味，增加了许多现实性的考量。从这个角度重新审视“五四”学人和“五四”文化，对当今中国梦的构建无疑具有积极的作用。

第八本是雷晓敏博士的《苦闷文学反思——以厨川白村与鲁迅为枢纽》。厨川白村与鲁迅都是各自民族的脊梁，也都是人类文学文化的翘楚。他们在文学本质及其功能问题上有着惊人的吻合。本书从两位思想家的内在联系和时代背景等方面爬梳剔抉，深层次地解读了中日文化交流中这一奇特的“共鸣”现象。作者从《苦闷的象征》中挖掘出了厨川白村隐性的思想源头，即他对马克思主义部分元素的吸收。将苦闷问题与命运问题、人文精神问题统合圆观，特别是把这些问题与厨川白村和鲁迅的多舛人生以及艰难的奋斗经历交叉互证，新见迭出，妙趣横生。值得称道的还有文学理论方面的多元探索。从模仿说、实证说、象征说一直到檃栝思想，作者对文艺理论的钻研可谓锲而不舍，如剥笋，似观澜，又像登山，给读者展现的是丰富多彩的学术进路。读者或可从中领悟到这样的看点："文学是'为人生'活动的写照，文学也是'非人生'事物的提炼，在出生入死和钩深致远的意义上，文学是多面神，是九头怪，是星云曲。人类不可无文学，因为她是想象的摇篮；文学不能弃人类，因为人类是文学的真正的载体。"（栾栋语）本书或可为一记佐证。

第九本是张平功教授主编的《全球化与文化身份认同》。国内外学术界对全球化与身份的研究方兴未艾。本书旨在介绍全球化与文化身份的基本理论，呈现该理论在中国语境下的接受和发展趋势，内容包括全球化的形成及其后果，针对全球化与文化传播、多元文化主义、大众文化研究、海外流散文学、文化形象建构、中国影视、传统医学、休闲方式以及"迪斯尼化"等方面的问题展开了细致分析。与此同时，在充分吸收国内外现有分割式研究成果的基础上，也对全球化与文化身份认同的理论和实践进行了综合探讨。本书深入浅出、言简意赅地揭示了全球化与身份研究的超领域和跨学科性质。一方面可以适应专业课及通识课的教学参考之需，另一方面也希望为那些对全球化和身份研究感兴趣的读者提供具有一定纵深性和广延性的著作，为全球化多角度的文化释读提供新的可能。

第十本是裴云博士的《波德里亚理论及其在中国的传播》。波德里亚是西方后现代主义的代表人物之一。他的学说在欧美广为传播，进入21世纪之后，其文化生产与消费的思想引起了更多领域的关注，诸如文化的符号特征、爆裂方式、虚拟生成、替代关系等方面的见解，在国际学术界内外都有所反响。波德里亚理论在20世纪末叶逐渐传入中国。国内学者对他的思想有研究，但是深度和广度都有待发展。作者认为，我国正处于大力发展文化创意产业的起步阶段，波德里亚对符号政治经济学的批判、拟像与拟真学说、象征性交换理论，对我国发展文化产业具有重要的启示作用和借鉴价值。该书系统地梳理了波德里亚理论在中国传播的过程和本土化情况，对其思想内涵和学术特点有深入的发掘，为学界深入研究提供了很好的基点。借他山之石以攻玉，研究波德里亚可为中国如何实现现代化寻找更多的参考点。就思想文化的互动性而言，本书也是一个有意义的个案研究，读者或可从中披阅出20世纪中西方文化交流的新特点。

第十一本是张向荣博士的《跨越空间的对话——波伏娃与张爱玲文学的女性意识之比较研究》。本文主要对法国的西蒙娜·德·波伏娃和中国作家张爱玲进行比较研究。波伏娃与张爱玲作为不同文化背景下的女性文学典范，让人看到“作家即文化演变的产儿”这一历史真言。阐释二者独特的文学思想是本书的思想进路。作者对波伏娃和张爱玲文学中的女性意识进行了系统的分析，揭示了波伏娃概念化的、超越性的女性意识，比对了张爱玲作品作为女性命运的“苍凉”注脚的意蕴。在整个文明发展史上，女性是弱性，波伏娃称之为“第二性”。社会实际往往把女性当异类，对于这一点，波伏娃的理论解析颇为深刻，其小说创作则比较概念化。张爱玲与之相反，她的理论思考很少，但是文学作品却入骨三分，对女性的不幸遭遇有许多穿透历史谎言的真切描述。张氏作品不啻女性悲惨命运史和女性被歪曲历史的矫正史。可以再补一句，张爱玲一生的经历和结局，本身就是女性特别是中国女性命运的一个缩影。张向荣博士对波伏娃和张爱玲均有深切的理解，对女性的生存和尊严有多方面的探讨，对当今世界的拜物倾向和精神空虚问题有认真的思考，这些研究都是很有现实意义的文学观照。

第十二本是马利红的译著《副文学导论》。这本书的法文作者是达尼埃尔·库埃尼亚斯（Daniel Couégnas）。作者以质疑副文学既定的身份属性为出发点，分别从副文学作品中的重复形式、参照错觉、意义解读、主导性叙述和人物分类五大方面对副文学作品进行了详细的诗学分析，通过“副文学模式”和“副文学标准”的建构，深层探讨了副文学性和副文学话语存在的逻辑前提，论证了副文学品种及其样态的必然性与合理性。就其学术特色而言，《副文学导论》是第一部从诗学的角度观照副文学现象及其作品的法文著作。这部著作首次提出了诸如“副文学模式”和“副文学标准”等比较新颖的原创性文学批评观点。该书的翻译旨在向广大的汉语读者提供完整的译本，推动国内学界对法国副文学理论的研究。翻译者马利红是广东外语外贸大学培养的文学博士，研究方向为法国文学与比较文学。她目前是暨南大学外国语学院副教授、广东外语外贸大学外国文学文化研究中心兼职研究员，在“人文学丛书”第一辑出版有专著《法国副文学学派研究》。这本《副文学导论》译著和马利红研究法国副文学思想的专著，是目前国内外国文学思潮研究的一个新动态，即栾栋所说的“文学他化于烈为今”，“文学非文学于今为烈”。马利红的译介和研究印证了这一文学变数。这些成果对我国的外国文学研究和广义的文学批评都将产生积极的影响。

第十三、十四两本书是马歌东教授编选、校点的《日本诗话二十种》(上、下卷)。日本大正九至十一年（1920—1922）相继出版了日本唯一的诗话总集《日本诗话丛书》全十卷，共收载日本诗话59种，其中和文诗话29种，汉文诗话30种，本书从其汉文诗话中精选出20种，加以校点，以飨读者。日本诗话伴随着日本汉诗千余年发展史，其作者为日本古代著名汉诗人、汉学者。日本诗话奉中国诗话为圭臬，其内容既品评我国古代诗歌，亦品评日本汉诗，并探究二者的渊源关系。本书的出版对于我国古代诗歌与诗话域外繁衍史研究、国际汉学研究、中日文化交流史研究等多项基础研究及理论研究，都将提供珍贵的文本资料。而诗话这种形式本来就因富于知识性、趣味性与可读性在我国拥有永久的读者，本书所选日本诗话置我国古代诗话中几可乱真，熟悉的格调语言，新颖的内容趣味，加之首次被引入国内，一新耳目，故其读者几可涵盖我国古代诗话读者群。

第十五本是张宪生教授主编的《东亚近世历史与思想的地平线——差异·冲突·融合诸相》。这是中日韩三国学者合力完成的学术成果。中方主要撰写者还有日本文史专家韦立新教授及赵晓靓、姚奇志等中青年学者。日本作者是立命馆大学桂岛宣弘教授、神户女学院滨下昌宏教授。韩国作者有东西大学李元范教授。这三位日韩专家均为日本历史与思想史研究领域的著名学者，其中桂岛宣弘曾任日本思想史学会副会长。他们都有丰硕的学术成果，受到学界广泛关注。更为难能可贵的是，桂岛宣弘教授与滨下昌宏教授均对近代以来日本国家的路线持质疑态度与批判立场，在研究近世历史与思想时，也表现出强烈的批判精神。进入17世纪，日本民间知识界习儒风气日益浓厚，与此同时，日本知识分子的主体意识也在觉醒。国学派等日本本土思想与作为外来思想的儒学之间产生了明显的冲突，这个变化构成了日本近世思想史的重要内容，并影响了日本历史的走向。作者选取了其中一些重要事例作为切入点，既注意微观层面的实证研究，又重视宏观方面的理论概括，以日本为聚焦点，描绘出一幅近世东亚思想空间中多种观点冲突交错与融合的复杂图景。本书选题新颖，资料翔实，论证深刻，许多章节都有所创见。作为国际合作的学术著作，本书的出版为我国日本文史研究领域贡献了一项重要成果，展示出中、日、韩学术界同行交流的最新动向，为国内外读者提供了了解日本近世社会历史和思想文化的前沿成果。

上述十五种论著从不同角度阐发了人文学的一些大的方面。表面上看，这些著作云行雨施，各有所专，与建设“人文学中心”的主旨若即若离，实际上都很切近人文学思想的大主题，每部书都从治学理路上体现“文史哲互根”的命题，从学术格局上注重“中西学融会”的方略，在学科交叉上追求“教科文通化”的目标。细心的读者可以从每本书的字里行间看到文史与哲理的磨合，看到思想与逻辑的链接，看到学问与学科的切磋。人文学在茁壮成长。

这套丛书的主编是广东外语外贸大学外国文学文化研究中心主任栾栋教授。他是广东省“211 工程”三期重点学科建设项目“人文学中心建设——比较文化视野的文学通化研究”的首席学者。该丛书的总策划是暨南大学出版社总编辑史小军教授。

“人文学丛书”的出版渐入佳境。外国文学文化研究中心的工作焕然一新。仅从这套丛书的出版情况即可看出，不仅人文学研究循序渐进，外国文学文化研究中心的三大主攻方向也有新的成色。国别研究又有收获，比较研究进入熔铸研究的阶段；人文学研究上了一个新的台阶，原理研究与专题研究均有突破；跨文化语言研究有了新的拓展，从戏剧到诗话，由文学而文化，东亚协奏，中西共鸣。在本辑的 15 部著作付梓之时，另一个系列著作的撰写也在有条不紊地进行。诸如栾栋教授的《人文学举要》、《文学通化论》等书稿业已竣工。此外，人文学研究“走出去”的思路也在酝酿中。

我们不难看出，外国文学文化研究中心为人文学研究奠定了在全球化大潮中拼搏的平台，人文学研究为外国文学文化研究中心带来了脱胎换骨的改造。人文学的创制，从学术凝练、学科变革和学人培植等方面为外国文学文化研究中心开创了走向未来的新格局。对于广东外语外贸大学的人文学者而言，外国文学文化研究中心是他们实现良性全球化的工作站，人文学中心建设是打造这个工作站的核心工程。它们是合二为一的学术擘画，也是持之以恒的学术追求。这套丛书的研发是外国文学文化研究中心发展的标志性成果，凸显了省文科基地的一个里程碑路段。人文学研究未有穷期。

2013年5月27日于广州白云山麓

目 录

导　论

波德里亚及其理论

西方文化理论在中国的译介与传播是近代以来中国学术的一道景观。古典人类学对于民族文化之进步曾提出过两种相互对立的观点：其一，人类学的文化进化论学派认为，各民族文化是在各自有限的环境里和既定的文化轨迹中发展起来的，民族文化的进步是一个从简单到复杂的自我进化的过程；其二，人类学的传播论学派否定民族文化的自我进化论，以传播学理论来解释文化进步，认为人类的文化传播是文化进步的主要因素，文化的发展依靠采借多于发明。[①] 由此观之，中国近代以来文化思想的理论与实践似乎更利于印证文化传播论。

事实上，西方文化理论在中国的迅猛传播是中国近代以来文化理论形成的主要原因。这一时期的文化理论的形成与发展始终离不开对西方文化理论的引介与传播。在相当程度上，可以说20世纪的中国文化理论史就是对西方文化理论的接受史。

具体说来，自鸦片战争以来，中国知识分子将西方的各种学术理论翻译、介绍到中国，大致经历了三次热潮：一是鸦片战争前后到辛亥革命，以康有为、梁启超、严复等维新派为代表。二是20世纪80年代，经历了“文革”的摧残与浩劫，在封闭了多年之后，国内学界爆发了翻译西方著作的热潮。[②] 标志之一是1980年6月李泽厚在全国第一次美学会议上的发言。他在发言中呼吁大力译介西方的学术著作，认为引介西方学术理论对于改善我们目前的美学研究状况具有决定性的意义，这是一次带有补课性

---

① 参见黄淑娉、龚佩华：《文化人类学理论方法研究》，广州：广东高等教育出版社1996年版，第14～79页。还有学者认为一种文化的活力与生机，大致取决于其传播的速率与频率。其速率越高，频率越快，受传面越广，活力也就越大。参见郝雨：《中国现代文化的发生与传播——关于五四新文化运动的传播学研究》（第二版），上海：上海大学出版社2004年版，第5页。

② “1978—1987年间，仅是社会科学方面的译著，就达5 000余种，大约是这之前30年的10倍。”参见王晓明：《翻译的政治——从一个侧面看1980年代的翻译运动》，《印迹》（第一辑），南京：江苏教育出版社2002年版，第278～279页。这一时期传播西方文艺美学思想的主要译丛有：李泽厚主编的“美学译文丛书”；王春元、钱中文负责的翻译小组编写的“现代外国文艺理论译丛”；商务印书馆的“汉译世界名著译丛”；中国艺术研究院马克思主义文艺理论研究所组织的“外国文艺理论研究资料丛书”；金观涛主编的“‘走向未来’丛书”中的某些译著；甘阳主编的“现代西方学术文库”；北京大学出版社“文艺理论译丛”中收录的一些译著。参见李媛媛：《建国以来外国文艺理论译介及其影响》，《理论视野》2010年第2期，第51～54页。

质的引进。三是20世纪90年代至今，中国知识分子掀起的第三次引介西方学术理论的浪潮。其表现出显著的多元性、开放性和宽容性，因而显得比前两次成熟。而此时对西方学术理论的引介也从被动、追踪转向以我为主、走向规整，将引介西方的学术著作与我们自身的学术理论的建设融合起来，达到为我们自身的学术建设服务之目的。①

针对中西思想文化交流传播的研究一直是跨文化研究的主要内容。跨文化研究对于现当代中国思想文化之研究有着特殊的意义。因为，近代以来，中国思想文化的发展受到西方思想文化的冲击，其猛烈、残酷程度是历代所无法相比的，使得20世纪以来的中国思想文化与此前传统的中国古典思想文化相比，变得面目全非，以至于专家学者谈到近代以来的中国思想文化时，往往会加上一个"新"字，如新文化、新文学、新美学、新思想。

西方思想文化在传入中国的过程中产生了种种"变体"。就后现代主义理论而言，"在不同国家对后现代主义的吸取和发展中存在着许许多多有趣的变异"②。马克·波斯特尔曾问道："经典的西方现代主义体制当被移入其他社会时究竟在何种程度上生产出与其在西方不同的构形和效果?"③ 事实上，"任何西方的理论，一经介绍到（中国）本土，就开始了其中国化和本土化的历程，任何异己的话语终将变成我们自己的话语"④。

因此，在中国近代思想文化的发展过程中，西方思想文化的介入及其

---

① 这代学者"从当时整个社会的思想和文化变革的需要出发，从他们自身对于作为知识分子的社会和历史使命的理解出发，投身到大规模的翻译活动的组织工作中去"。参见王晓明：《翻译的政治——从一个侧面看1980年代的翻译运动》，《印迹》（第一辑），南京：江苏教育出版社2002年版，第279页。这一时期的主要译著有：周宪、高建平主编的"新世纪美学译丛"；周宪、许钧主编的"现代性研究译丛"；金慧敏主编的"国际美学前沿译丛"；张一兵主编的"当代学术棱镜译丛"；王逢振、希利斯·米勒主编的"知识分子图书馆"；中国人民大学出版社的"21世纪学术译丛"。参见李媛媛：《建国以来外国文艺理论译介及其影响》，《理论视野》2010年第2期，第51~54页。

② ［美］马克·波斯特尔、金惠敏：《无物之词——马克·波斯特尔如是说》，发布于"文化研究网"。

③ ［美］马克·波斯特尔、金惠敏：《无物之词——马克·波斯特尔如是说》，发布于"文化研究网"。

④ 蒋原伦：《90年代批评》，天津：天津社会科学院出版社2000年版，第40页。

本土化参与发挥了重要的作用，甚至可以说，经过本土化的西方思想文化已经不可避免地成为中国近代以来思想文化有机的、重要的组成部分。

如此，在跨文化研究的框架下，考察中西思想文化的碰撞与冲击对于理解近代以来中国思想文化的发展轨迹就具有了重要的意义。

因此，本书旨在探讨波德里亚文化理论在中国传播、研究的脉络与轨迹。

法国思想家波德里亚的文化理论在中国的传播伴随着20世纪80年代以来西方后现代主义理论在中国的引介展开。近代以来，在中西文化传播的汹涌潮流中，波德里亚的文化理论仅是其中的一朵小小的浪花。但是，通过波德里亚文化理论在中国传播的个案研究，发掘出中西思想文化传播的一些规律与特点还是可以期待的。

近代以来，中西方思想文化交流与传播的研究，大致可以分出以下几种类型：

（1）比较学研究，这是跨文化研究的主要形式。比较学的研究模式主要有两种：一种是在异质文化之间就共同的理论问题存在不同的理解和表述，这种研究模式主要是通过语言学研究来实现的；另一种是在这两种文化的互动与彼此演化的过程中，探究不同文化在自身的发展过程中互相影响、互相借鉴以及自己的元文化如何发生变异。具体而言，它是在两种文化体系的背景下，就某学科的某些理论问题、某些学派、某些学者之间进行对比研究，其优点在于研究选取点的范围较大，视野比较开阔。但就文化传播过程中异质文化的互动与影响来说，比较研究的结论与文化传播过程中的实际情况不一定完全相符，因为文化传播过程极为复杂，一些人为的偶然因素造成的误识、误解以及意义的生成转换过程及其背后的原因难以得到分析、认识。因此，比较法的研究方法往往易于止步于表面的实证，而文化传播过程中特定文化内在的理念、意义、概念等的衍生与演变难以得到准确的发掘和分析。

（2）史学研究。这种研究方法基于历史主义，注重对历史事实内在联系的研究，力求对思想文化的传播给出一个详细的描述。它与比较法研究的一个共同缺点就是以比较法或实证法为主要研究方法，往往忽视批评理论与分析法的应用。历史主义由于过分执着于历史事实，因而疏于理论演变轨迹的分析与梳理。

(3) 传播学研究。这种研究方法以传播学作为理论框架和依据，研究发生于文学艺术、哲学思想、文化教育、新闻出版等领域的思想文化传播现象与传播活动。它对于思想文化传播的发生演化，诸如异质文化的传播者、传播背景、传播方向、主要的传播媒介、传播效果等给出精确而翔实的叙述。这种研究方法的好处在于对文化传播过程的叙述可以非常精确。但是，它的缺陷也是显而易见的，即这种对思想文化传播活动的精确描述往往很难与思想文化在传播过程中的衍生和变化结合起来，通过对具体的传播活动本身的研究来解释思想文化的衍生与变化也会产生种种歧义。因为，中西思想文化的传播于传播行为之外，还涉及中西两种思想文化的冲突、碰撞与融合。此外，思想文化本身也有自己共同的衍生发展轨迹。所以，异质思想文化传播的传播学研究还不能完整地解释中西思想文化的交流与传播。

(4) 译介学的研究。这种研究方法主要着眼于异质文化传播过程中翻译和引介这一环节。与翻译研究不同的是，译介学研究在对两种不同文化的传播与交流进行研究时，不以研究语言转换的诸如方法、技巧等问题为主，而把文本翻译的结果作为一个既成事实予以接受，并以此来研究异质文化在通过语言转换实现文化传播的过程中文化信息的遗失、变形、扩伸、增殖等问题。译介学不仅着力于语言层面研究异质文化传播的规律，而且，“把目光投射到了译著在新的语言环境里的传播与接受，注意到了翻译作为一种跨文化的传递行为最终目的和效果”①。但是，译介学研究的视域终究还是无法离开文化传播的语言层面，因为译介学研究的终极依据始终被限定在“原文”范围之内。由于语言翻译和文本传播只是异质文化传播活动中的一个环节，因而，文化传播所涉及的异质文化之间的互动、元文化与本土文化之间的融合、元文化在本土文化的生长过程中的变异以及引介过程中的误读等造成的文化传播的事实都不能得到应有的关注。

以上简要介绍了有关异质文化传播研究的四种类型。就波德里亚文化理论而言，国内的研究更多地集中于文化理论的元意义分析、钻研；作为西方文化理论在中国传播的一例，对波德里亚文化理论在华影响的分析、批判，其文化理论如何被应用到中国的美学、文学和文化研究之中，以及

---

① 谢天振：《译介学导论》，北京：北京大学出版社 2007 年版，第 44 页。

从引介、传播到本土研究的方向去探讨波德里亚文化理论的中国意义等的相关研究目前还没有找到；而其他的西方学者理论在中国的引介与研究的可以比较的文本也没有找到。不过针对文化传播的实例性研究有几个范本可供参考：郝雨的《中国现代文化的发生与传播——关于五四新文化运动的传播学研究》（第一、二版）选择对文化传播作出巨大贡献的主要人物，用类似人物志的方法研究传播者；马永强的《文化传播与现代中国文学》采用史学的方法研究理论思想的传播过程及其内在必然性；法国人安田朴的《中国文化西传欧洲史》通过研究中国文化传入欧洲并产生了重大影响的文化思想的传播“个例”，构筑中国文化西传欧洲的历史。至于本书的研究，主要是基于译介学和人类学的个案研究相结合的方法。本书把波德里亚其人、其文化理论作为一个整体，作为一个活的对象，研究其在中国传播的史实及其文化理论的衍生变化情况。与人类学田野调查方法不同的是，本书的研究将是完全基于文本的，且将借用上面提到的几种研究方法。但本书的研究始终是个案研究。

第一节　波德里亚及其理论

波德里亚其人被引介到中国后，目前的译名有波德里亚（冯俊、周宪）、波德里亚尔、鲍德里亚（盛宁、张一兵）、博德里亚（《消费社会》中译本）、博德里亚尔、布希亚（林志明）、布希亚德（王岳川）、博德里涯（唐小兵）、包德里亚（唐小兵）、鲍德里亚德（肖鹰）、鲍德里雅（赵一凡）。

尽管近年来关于波德里亚早期生平的资料不断增加，但由于其在 1966 年之前的生活平淡无奇、默默无闻，确如林志明在《物体系》的译序中说的，世人知道的不多。盛宁在 1997 年出版的《人文困惑与反思》里曾提到“一部关于他的传记也在不久前出版”，但这部传记为何人所写、题名是什么等，都无从得知。[①] 国内关注波德里亚的人们也没有再提起它。综

① 甘恩（Mike Gane）1989 年著有一本《鲍德里亚评传》，但显然不是盛宁所说的那本书。

合国内的介绍，在此，我们给波德里亚其人勾勒出一个大致的轮廓：

波德里亚（Jean Baudrillard，1929—2007），1929 年 10 月出生于巴黎东北城市兰斯（Reims），该市为法国香槟酒厂的重要据点，并且有一座著名的哥特式大教堂，过去的法国王室大多在此受加冕礼。[①] 在一段访谈里，波德里亚自述他的祖上直到他的祖父母都是农民。到了他的父母，才离开乡下，成为公务员，而他自己则是这个部族里第一个做点读书习作的人。这样的“父母家庭”决定他不是在一个充满知识的学习氛围中长大的。早年，他的求学道路并不平坦，既没有进入高等师范就读，也没有通过高等教师的竞试。1956 年，他开始攻读德国社会学理论和文学，此后直到 1966 年他一直在一所中学里教授德语。这一段教学经历使他大为受益。对德语文化的喜欢，使他阅读了尼采、路德、荷尔德林和海德格尔等人的著作。20 世纪 60 年代以后，他陆续将一些德文激进作家的剧作翻译成法文，包括彼德·维斯（Peter Weiss）的《马哈·萨德》（1965）、《教育》（1966）、《越南演讲》（1968），布莱希特（Bertolt Brecht）的《流亡者对话》（1966），穆尔曼（Wilhelm E. Muhlmann）的《第三世界的革命救世主义》（1968），等等，并参与了马克思的《德意志意识形态》（1968）的法文翻译。[②] 此外，1963 年他还编辑过一本文集——《德国人》，内容主要是关于德意志的神话学研究。而他因此培养起来的德语文化修养成为他日后理论探索的一个基调。

1966 年是波德里亚生命的一个转折点。这一年，在亨利·列菲弗尔的指导下，波德里亚完成了他的博士论文。这篇论文于 1968 年以“物体系”为书名一出版，就立刻给波德里亚带来了广泛的声誉。一般来说，学人对波德里亚的关注也主要是从《物体系》开始的。同是 1966 年，在列菲弗尔的帮助下，波德里亚获得了巴黎南特禾大学的教席，正式开始了他在学

---

① 林志明：《译序：描绘一个不存在于任何地方的圆周》，[法] 波德里亚著，林志明译：《物体系》，上海：上海人民出版社 2001 年版，第 7 页。

② 国内对波德里亚其人的介绍，比较全面的是林志明所译《物体系》的译序和仰海峰的《走向后马克思：从生产之镜到符号之镜》。这两个文本的西文参考文献主要是：波德里亚的《酷回忆Ⅱ》（*Cool Memories* II，1987 – 1990）和波德里亚的重要的英语诠释者甘恩的访谈录（1991），后者出自：《波德里亚访谈录》（Mike Gane ed.，*Baudrillard Live*：*Selected Interviews*，London and New York：Routledge，1993）。

术体系内的学术探索，并一直持续到1987年离开为止，南特禾大学因此成为了其学术顶点的见证。他的一系列重要的学术成就都是和南特禾大学联系在一起的：《物体系》（*The System of Object*，1968）、《消费社会》（*Consumer Society*：*Myths and Structres*，1970）、《符号政治经济学批判》（*For a Critique of the Polital Economy of the Sign*，1972）、《生产之镜》（*The Mirror of Production*，1973）、《象征交换与死亡》（*Symbolic Exchange and Death*，1976）、《遗忘福柯》（*Forget Foucault*，1977）、《在沉默多数的阴影中》（*In the Shadow of the Silent Majorities*，1978）、《论诱惑》（*On Seduction*，1979）、《拟像与仿真》（*Simulacra and Simulations*，1981）、《仿真》（*Simulations*，1983）、《致命的策略》（*Fatal Strategies*，1983）、《冷记忆》（*Cool Memories*，1980—1985）、《美国》（*America*，1986）。

谈到在南特禾大学的学习生活时，波德里亚充满了感情："回顾起来，我比较是觉得幸运，可以在那样的时候，在那样的环境里，生活于南大、巴黎。所以，我是没有什么好抱怨的。"[①]

从1986年开始，波德里亚旅居美国，开始了他学术生涯的"国际旅行"。其后他的足迹遍布德国、阿根廷和巴西。这位"在国内播种，却到国外收获"[②] 的法国思想家在国际知识界造成了广泛的影响。[③] 特别是20世纪90年代以来，他的语言更加精练，处处暗藏讥讽。他善于使用一些鲜活的比喻来表达自己抽象的思维。如1998年，巴黎的蓬皮杜艺术中心里设置了一架数字钟，上面显示距离2000年还有数百万秒。波德里亚把这架数字钟比喻为一颗"千禧年定时炸弹"，以此说明人们把时间解释为一种递减而非递加之过程的事实。

---

① 参见林志明：《译序：描绘一个不存在于任何地方的圆周》，［法］波德里亚著，林志明译：《物体系》，上海：上海人民出版社2001年版，第7～8页；朱立元：《二十世纪西方美学经典文本》（第四卷），上海：复旦大学出版社2000年版，第111页。

② 盛宁：《人文困惑与反思》，北京：生活·读书·新知三联书店1997年版，第265页。

③ "鲍德里亚在色彩斑斓的战后法国理论风景线中却一直'不在场'，对战后法国哲学社会文化思潮加以详尽概述和评析的许多著作都未能涉及鲍德里亚其人及其思想，甚至在书目人名索引中都没有提及鲍德里亚的名字。只是到了八十年代中后期，当'后现代主义'的理论话语在全球日益凸现时，鲍德里亚仿佛一夜之间被从新发现了。"引自季桂保：《让·鲍德里亚的大众传媒述评》，《学术月刊》1999年第6期。

又如，1991年1月4日，在联合国授权对伊拉克进行军事打击之前的两个星期，波德里亚在法国《解放报》(*Liberation*)发表题为“海湾战争不会发生”的评论。之后，无视国际新闻界的批评浪潮，又分别于2月6日和3月29日发表两篇评论文章：《海湾战争：真的在发生吗?》和《海湾战争不曾发生》。波德里亚始终坚持认为世界处于拟像之中，电视作为万能的拟像之镜已经与真实的世界脱离，所以，通过媒体展示的“海湾战争”与真实的情况没有关系。①

波德里亚在这一时期发表的产生了重要影响的著作和文章有：《扭曲的神性》(1987)、《传播的迷狂》(*The Ecstasy of Communication*, 1988)，《选择性写作》(*Selected Writings*, 1988)、《公元2000年已经到来》(1988)、《终结幻想》(*The Illusion of the End*)、《邪恶的透明度》(*The Transparency of Evil*, 1990)、《性是符号的巨大坟墓》、《虚拟与事件性》、《物质的幻觉》、《海湾战争不会发生》(1991)、《海湾战争：真的在发生吗?》(1991)、《海湾战争不曾发生》(1991)、《痛苦的昭示》(1990)、《完美的罪行》(1995)等。

对波德里亚其人进行学科定位实际上是一件比较困难的事情。② 他的《致命的策略》一书出版时，编者在该书的袖珍版正文前附上了一段访谈，声明波德里亚是一位“无法归类的思想家”。而波德里亚在自述中则称：“我既非哲学家亦非社会学家。我没有遵循学院生涯轨迹，也没有遵循体制步骤。我在大学里教社会学，但我并不认为我是社会学家或是作专业哲学的哲学家。”③ 波德里亚如此自我定位事实上还存在这样一个问题：由于他在大学里不算成功的经历，如果把他定位为某学科的学者，那么恐怕他就很难被看作如此声名显赫的人物了，原因非常简单：“以一种正常的职

---

① ［法］波德里亚著，丘德亮、黄建宏译：《海湾战争不曾发生》，台北：麦田出版社2003年版。

② 盛宁在介绍波德里亚时没有给出一个明确的学科定位，只是说在关于后现代主义的争论中，他是最有影响的法国思想家之一。参见盛宁：《人文困惑与反思》，北京：生活·读书·新知三联出版社1997年版，第264～268页。但又有人反对把他归入后现代理论者。

③ 参见林志明：《译序：描绘一个不存在于任何地方的圆周》，［法］波德里亚著，林志明译：《物体系》，上海：上海人民出版社2001年版，第8页。另见朱立元：《二十世纪西方美学经典文本》(第四卷)，上海：复旦大学出版社2000年版，第111页。

业生涯而言，我总是没有命中目标，其中包括我从来没有升到教授。”①

国内学者对波德里亚的学科定位林林总总，几乎涉及人文学科的各个方面。例如，包亚明说他是“当代法国思想家、后现代理论的杰出代表，他对哲学、心理分析、符号学、马克思主义政治经济学、社会学和人类学等领域的传统观念提出了根本性的挑战”②。许钧说过“波德里亚是法国著名的社会学家”③。成伯清称他是“法国社会学家”④。周宪、仰海峰、张一兵、顾诤、孔明安等称他为“哲学家”⑤。王岳川、金元浦称他为“法国思想家”⑥。王宁称他是“法国后现代理论家”⑦。还有人称他是“后现代主义学术大师”⑧。叶舒宪提到他时称他是“法国学者”⑨。高宣扬则说波德里亚的研究“正好体现了一位法国思想家经历社会急速变迁而不断发生思想蜕变的典型范例”，“在当代法国社会理论家和社会人类学家中……他的杰出论著和思想成果，成为了从60年代到20世纪末整个后现代主义思潮的启蒙精神之一”。⑩ 林志明、季桂保称其为“当代法国思想家”⑪。马

---

① 林志明：《译序：描绘一个不存在于任何地方的圆周》，［法］波德里亚著，林志明译：《物体系》，上海：上海人民出版社2001年版，第7页。

② 朱立元：《二十世纪西方美学经典文本》（第四卷），上海：复旦大学出版社2000年版，第108页。

③ 许钧：《对神话的批判——关于〈消费社会〉》，《中华读书报》，2000年12月11日。

④ 成伯清：《消费主义离我们有多远》，《江苏行政学院学报》2001年第2期，第71～78页。

⑤ 参见仰海峰：《〈生产之镜〉中译本序言》，北京：中央编译出版社2005年版；顾诤：《后现代摄影概览》，《国外后现代摄影》，南京：江苏美术出版社2003年版；孔明安：《技术、虚像与形而上学的命运——鲍德里亚对形而上学问题的哲学反思》，《哲学动态》2002年第10期。

⑥ 王岳川：《消费社会中的精神生态困境——博德里亚后现代消费社会理论研究》，《北京大学学报》（哲学社会科学版）2002年第4期，第31～39页；金元浦：《消费美丽：时代的文化症候》，《粤海风》2005年第4期。

⑦ 王宁：《二十世纪西方文学比较研究》，北京：人民文学出版社2000年版。

⑧ 《后现代之于当代中国电视初探》，http://www.dialognet.net/Article/2005/200511/6391.html。

⑨ 叶舒宪：《非物质经济到非物质文化遗产》，《民间文化论坛》2005年第4期。

⑩ 冯俊等：《后现代主义哲学讲演录》，北京：商务印书馆2003年版，第552页。

⑪ 林志明：《布希亚论摄影》，《影像的社会实践》，中华摄影教育协会，2000年；季桂保：《让·鲍德里亚的后现代文化观》，《电影艺术》2000年第4期，第66页。

海良称其为“当代法国批评理论家”[①]。李彬称其为“思想家、理论家、批评家”，“后结构主义巨擘”。[②] 杨斌称他是“西方马克思主义的代表人物”[③]。

波德里亚本人并不太在意自己的学科定位，他总是徘徊在体系内与体系外之间。用林志明的话说，就是确定波德里亚的学科定位将是“一场没有终结的辩论”[④]。波德里亚总是在流变之中，就好像库斯（Nicolas de Cues，1401—1464）提出的那个“无限的圆”——因为直径无限，所以任何一点都可以是它的圆心。关于波德里亚的一句流行语则是：波德里亚在哪里？他在所有的地方，又不在任何地方。

在《酷回忆Ⅱ》里，波德里亚给自己作出过一个经典的诠释：二十岁是想象科学家，三十岁是境遇主义者，四十岁是乌托邦主义者，五十岁横越各个界面，六十岁搞病毒和转喻，我一生的故事。[⑤]

有关波德里亚的研究，国外兴起于20世纪80年代，以美国《纽约时报》题为“大灾变的预言家”一文为标志，迅速扩展到整个西方学术界。从传到国内的资料看，波德里亚从80年代后期开始，在英语学界走红，他的二十几部重要的著作，如《遗忘福柯》、《交往的迷狂》、《预言的报复》、《论诱惑》、《致命的策略》、《冷记忆》、《邪恶》、《拟像与仿真》、《生产之镜》、《象征交换与死亡》、《符号政治经济学批判》、《在沉默多数的阴影中》、《物体系》和《消费社会》等陆续被翻译到英语世界。1987年以后，波德里亚频繁地游走于英语世界，声名显赫。他的思想和言论更加脱离学院体系，颇有些离经叛道。

以发表在20世纪80年代美国《纽约时报》的题为“大灾变的预言家”的文章为起点，波德里亚在国外的媒体、学院体系和公众中间引起了

---

① 马海良：《鲍德里亚：理论的暴力，仿真的游戏》，《外国文学》2000年第2期。

② 李彬：《传播符号：从方法论到本体论》，《中国传媒报告》（香港）2003年第1期。

③ 杨斌：《消费文化与中国20世纪90年代美术》，《美术观察》2005年第4期。

④ 林志明：《译序：描绘一个不存在于任何地方的圆周》，［法］波德里亚著，林志明译：《物体系》，上海：上海人民出版社2001年版，第9页。

⑤ 林志明：《译序：描绘一个不存在于任何地方的圆周》，［法］波德里亚著，林志明译：《物体系》，上海：上海人民出版社2001年版，第9页。

广泛的关注，对他的评论也是五花八门，如《纽约时报》评论他是“后马克思主义左派阵营中一个火药味十足的孤独的漫游者”；1988年英国《卫报》则称其为“社会学教授，大灾变的预言家，大恐慌的狂热的抒情诗人，没有中心的后现代荒原的痴迷描述者，纽约文人圈最热门的人物”。①欧美学界也称其为“后现代主义巨头”、“后现代主义的大教士”（另译为“后现代大祭司”），波德里亚的美国研究者道格拉斯·凯尔纳认为：“波德里亚是一位千年末的理论家，他为后现代性的新时代设立了标志杆，他是走向新时代的一位重要的向导”②，“是迄今为止立场最为鲜明的后现代思想家之一……是新的后现代主义的守护神，是给后现代场景注入理论活力的汹涌巨浪，是新的后现代主义的超级理论家”③。英国学者尼克·史蒂文森把波德里亚比喻成暴风雪的来临，认为是“当前所见到的最精密复杂的对大众传媒的后现代批判”。但是，他在文化斗士桑塔格的眼里却是个白痴和犬儒，桑塔格说：“波德里亚是一个政治白痴，也许还是道德白痴。”④而波德里亚自称为“知识的恐怖主义者”。

第二节 波德里亚理论的一个概述

一般说来，波德里亚的理论探索根源于他的老师列菲弗尔的西方马克思主义哲学。同时，对他的理论发展产生重要影响的另外三个人物也是必

① 朱立元：《二十世纪西方美学经典文本》（第四卷），上海：复旦大学出版社2000年版，第108页。

② ［美］道格拉斯·凯尔纳著，陈维振等译：《波德里亚：一个批判性读本》，南京：江苏人民出版社2005年版，第25页。

③ ［美］道格拉斯·凯尔纳、斯蒂文·贝斯特著，张志斌译：《后现代理论——批判性的质疑》，北京：中央编译出版社2001年版，第143页。

④ 陈耀成：《苏珊·桑塔格访谈录》，《南方周末》，2005年1月5日。

须提到的[①]：罗兰·巴特、居伊·德波[②]和麦克卢汉。

列菲弗尔是法国左翼社会学家和马克思主义理论家，是波德里亚的导师，也是同事。“他对波德里亚的影响可以用‘深远’两字来形容。波德里亚早期的作品可以视为延长了列菲弗尔在《日常生活批判》中对当代社会的长期检视。”[③] 林志明认为：对于法国社会的变化，波德里亚开始就想超越列菲弗尔的思路[④]，但是，列菲弗尔在《现代世界的日常生活》中所开启的计划，始终是《物体系》研究的前提。[⑤] 因此，理解波德里亚，必须理解列菲弗尔。[⑥]

巴特对波德里亚的影响可以在波德里亚的自述中得到确证。[⑦] 波德里

---

① 甘恩曾简要讨论过影响波德里亚的主要人物，See Mike Gane，*Jean Baudrillard*：*Critical and Fatal Theory*，London and New York：Routledge，1991。另外，道格拉斯·凯尔纳详细地分析了波德里亚的媒介批评理论与麦克卢汉媒介理论的关系。见［美］道格拉斯·凯尔纳著，李卫华译：《波德里亚：一个新麦克卢汉》（节选），《问题》（第二辑），北京：中国人民大学出版社 2003 年版。

② 居伊·德波（Guy Debord），20 世纪 60 年代法国情境主义（Situationist International）的代表人物。在 60 年代法国的先锋派运动中，深受卢卡奇之后的西方马克思主义和列菲弗尔的日常生活批判理论影响的情境主义者，认为西方社会已从过去那种生产过程中的奴役状态转向了消费社会中的控制状态，即通过消费意向对于自我的吸收，使人们认同于消费社会，从而奠定现代资本主义合法性的基础。情境主义在现代西方学界依然具有重要影响，特别是在批判的城市社会学与大众文化研究领域。参阅仰海峰：《走向后马克思：从生产之镜到符号之镜》，北京：中央编译出版社 2004 年版，第 21 页注。

③ ［法］波德里亚著，林志明译：《物体系》，上海：上海人民出版社 2001 年版，第 234 页。

④ 尽管波德里亚承认列菲弗尔对自己的帮助很大，但是却不认为自己是列菲弗尔的门生。See Mike Gane ed.，*Baudrillard Live*：*Selected Interviews*，London and New York：Routledge，1993，p. 204.

⑤ 参阅林志明：《译后记：一个阅读》，［法］波德里亚著，林志明译：《物体系》，上海：上海人民出版社 2001 年版，第 234～244 页。

⑥ 仰海峰：《走向后马克思：从生产之镜到符号之镜》，北京：中央编译出版社 2004 年版，第 40 页。

⑦ 波德里亚非常愿意把自己看作是巴特的门生。在一次访谈中，他说：“罗兰·巴特是一位我觉得非常亲近的人，我们的立场是如此接近，以至于他所做的许多事，也是我自己可能会去做的。”“巴特提供了一大块处女地。从那时开始，一切都改变了。”参阅仰海峰：《走向后马克思：从生产之镜到符号之镜》，北京：中央编译出版社 2004 年版，第 17 页。

亚的研究者甘恩就认为“巴特不仅提供了方法论逻辑的方针，而且也是这种分析方法的典范”①。对于20世纪60年代西方资本主义社会由生产转向消费的症候，波德里亚和巴特有着共同的感受。他们也都受到瑞士语言学家索绪尔的符号学的影响，都曾经历了从萨特的存在主义哲学向列维·斯特劳斯的结构主义哲学的转变，② 可以说，伴随着波德里亚的《物体系》、《生产之镜》、《消费社会》、《符号政治经济学批判》、《拟像与仿真》诞生的，是巴特的《流行体系——符号学与服饰符码》（简称《流行体系》)、《文本的乐趣》、《神话——大众文化诠释》(简称《神话学》)、《符号学要素》、*S/Z* 和《第三类意义》等提供的重要的理论支撑点。③ 还有一个巴特影响波德里亚的确凿例证，是波德里亚的第一本有影响的学术专著名为“物体系”，然而，“早在1962—1963年间，巴特在巴黎高等师范学院所开出的第一年讨论课即以‘物的体系’为名，而布希亚赫然在座”④。

需要说明的是，在波德里亚的理论序列里，列菲弗尔与巴特的位置是不一样的。作为法国马克思主义左翼学者，列菲弗尔的研究与萨特的存在主义有着极深的渊源，几乎可以被看作是同道者。而巴特作为法国符号学研究的先驱之一，他以现代神话意识形态分析建立起来的一套“社会—逻辑”的符号学分析方法，却是法国后结构主义的理论基石。

20世纪60年代伊始，法国新一代的青年人不再模仿他们那些经历过第二次世界大战的前辈们，不再关心生活的真谛是什么，不再热衷于思考诸如人生的意义、人类的命运等终极问题，对于人类社会也不再追求“总体性”的所谓“宏大叙事”。他们更加关心当下的社会状态，关心现时的社会制度及其改造，更多地关心在生产高度发展、分工日益精细的时代，人的全面发展问题。随着整个社会心理的这种变化，存在主义的陨落已不

---

① Mike Gane ed., *Jean Baudrillard: Critical and Fatal Theory*, London and New York: Routledge, 1991, p. 34.

② 波德里亚曾说，有一段时间他常和巴特来往，还曾一起去听萨特的研究课。参阅林志明：《译序：描绘一个不存在于任何地方的圆周》，[法] 波德里亚著，林志明译：《物体系》，上海：上海人民出版社2001年版，第3页。

③ 参阅仰海峰：《走向后马克思：从生产之镜到符号之镜》，北京：中央编译出版社2004年版，第18页。

④ 林志明：《译序：描绘一个不存在于任何地方的圆周》，[法] 波德里亚著，林志明译：《物体系》，上海：上海人民出版社2001年版，第16页。

可避免。作为存在主义思潮的反拨，结构主义思潮应运而生。这一思潮转向的标志就是斯特劳斯与萨特的一场论战。这场论战的焦点在于：第一，前者坚持社会结构的恒定性，不承认人的主观行为可以改变客观存在的社会结构，而萨特认为这是“反人道主义的”。第二，结构主义自诩的先在性拒绝一切历史主义的原则，不承认对历史发展的“总体性”审视，也不承认针对历史的发展可以获得一个科学的认识。结构主义者认为，社会的变化是由“结构”决定的，而不是人的主体性行为。社会历史也无所谓客观规律性，甚至根本谈不上发展进步。

标志着存在主义衰退的另一个事件就是1968年3月到5月法国的“五月风暴”。萨特、斯特劳斯、巴特、列菲弗尔、福柯、波德里亚等法国各派思想家、社会理论家都参与其中。他们对于这场学生—工人运动的反应各样。其中，高度肯定“五月风暴”，以萨特、列菲弗尔、加缪和高兹等为代表的法国马克思主义左翼一方，与强调对于这场运动要冷静分析，甚至不以为然，以斯特劳斯、巴特、福柯、波德里亚等为代表的一方形成尖锐对立。对于“五月风暴”，波德里亚的观点主要表达于《游戏心态与警察》一文。波德里亚认为“五月风暴”这场学生运动不过是一场精英参与的、标志着激进批评的符号游戏，对于社会体制的改变毫无意义。因为，正如结构主义理论所一贯宣示的，颠覆与违抗的主体性行为始终不能改变客观存在的社会结构。更进一步，波德里亚认为颠覆与违抗的主体性行为与社会体制始终是一种“共谋”，与社会体制之间是一种与生俱来的、不可化约的关系。也就是说，颠覆与违抗的主体性行为存在于一种客观的、恒久不变的社会结构之中，它的效应归因于这个社会结构本身，而与现时的政治权力和社会意识形态没有直接的联系，也无助于改变现时的社会体系，因此诸如“五月风暴”这样的颠覆与违抗的主体性行为不过是一场由社会精英玩弄的激进批判的“游戏”。如果一定要追问颠覆与违抗的效应，那也只能是对社会结构本身的加强或者拒斥。

对于1968年法国“五月风暴”的态度显示了波德里亚的结构主义立场，也代表了他同革命理论（特别是马克思主义）之间的决裂，[①] 即在高

---

① 林志明：《译后记：一个阅读》，［法］波德里亚著，林志明译：《物体系》，上海：上海人民出版社2001年版，第261页。

度肯定“五月风暴”，以萨特、列菲弗尔、加缪和高兹等为代表的法国马克思主义左翼，与强调对于这场运动要冷静分析，甚至不以为然，以斯特劳斯、巴特、福柯等为代表的结构主义者之间，波德里亚坚定地站在他的老师的对立面。

因此，波德里亚的理论探索经历了他所处的法国同期社会思潮的转向，即从存在主义向结构主义和后结构主义的转向。作为列菲弗尔的学生，波德里亚尽管非常感谢老师给予他的帮助，却仍然声称自己是巴特的门生，而不承认自己是列菲弗尔的学生。[①] 这一事实，完全可以看作是波德里亚思想转向的一个注释。

显现在列菲弗尔与巴特之间的是德波。西方波德里亚理论的研究者斯蒂文·贝斯特和道格拉斯·凯尔纳认为：“波德里亚深受德波和情境主义者的影响。”[②] 波德里亚和德波在20世纪60年代都曾和列菲弗尔一起工作，他们的政治和知识背景有着部分的相似性：他们同时开始对新起的消费社会和日常生活作社会学的研究。[③] 在西方60年代资本主义逐渐进入消费社会的时期，与传统的对资本主义强烈批判的马克思主义不同，西方马克思主义者开始转而分析现存资本主义社会何以延续的原因。列菲弗尔关于资本主义消费社会“日常生活”的分析、德波关于资本主义消费社会是“景观社会”的分析，以及波德里亚所拟出的“类象社会”（亦称“景象社会”）都是在这个方向上对马克思主义修正的一种尝试。斯蒂文·贝斯特和道格拉斯·凯尔纳认为在这个方向上的努力表现出一种轨迹，即“从

---

① 参阅仰海峰：《走向后马克思：从生产之镜到符号之镜》，北京：中央编译出版社2004年版，第17页；以及 Mike Gane ed., *Baudrillard Live: Selected Interviews*, London and New York: Routledge, 1993, p. 204.

② ［美］斯蒂文·贝斯特，道格拉斯·凯尔纳著，陈刚译：《后现代转向》，南京：南京大学出版社2002年版，第120页。另外，波德里亚曾说过：“我被情境主义深深吸引着。情境主义就像一种原初的理论背景，一种激进的理论。甚至在今天，如果情境主义已经过时的话，它仍然保持着一种激进性，这正是我要忠诚的东西。”See Judith Williamson, An Interview with Jean Baudrillard, *Black and Red*, 1989, Vol. 15, pp. 16–19，转引自仰海峰：《走向后马克思：从生产之镜到符号之镜》，北京：中央编译出版社2004年版，第71页。

③ ［美］斯蒂文·贝斯特，道格拉斯·凯尔纳著，陈刚译：《后现代转向》，南京：南京大学出版社2002年版，第122页。

马克思经德波和境遇主义者向波德里亚及其后现代理论的转变轨迹。这是一个从‘商品社会’到‘景观社会’再到‘类象社会’的过程”[①]。而德波的“景观社会”把当代资本主义社会描述成为一个“商品的世界化和世界的商品化”的“繁荣昌盛”的理想社会。

在此，德波所谓的“景观社会”就是指现代资本主义社会商品生产的高度发展使得商品占领了社会生活的全部。这是一种“商品的堆积”[②]。丰盛的商品在眼花缭乱的各种广告和无孔不入的大众传播媒介的渲染中遮挡了人们的视线，加上现代城市那五光十色的各式建筑、装饰设计，满足人们消费欲望的各种新奇的小发明以及被吹得天花乱坠的资本主义的代议制民主制度、教育机制、养老和医疗福利设施等形成了一道资本主义社会“繁荣昌盛”的社会景观。当这种“商品占领”上升到社会心理层次的时候，便建构了全社会对现行资本主义制度的认同。德波认为，这是现代资本主义的一个阴谋。它并没有改变资本主义生产的“异化”性质，而是使“异化在不知不觉而且是令人愉悦之中形成”[③]。景观通过休闲和消费、服务和娱乐等文化设施来散布它的麻醉剂，德波说：“这实际上是一种化解和消极的工具，它麻木社会主体，把其从真实生活最紧要的工作中转移开，通过创造性的实践最大限度地恢复人类的权力。”[④] 其实质在于隐藏资本主义权力压迫和资本剥削的本质及后果。

德波的分析是从社会的商品生产入手的。他认为商品的使用价值与交换价值并非像马克思所言的交换价值始终以使用价值为基础[⑤]，围绕商品价值波动。而是在商品的交换过程中，交换价值和使用价值可以分离，

---

① ［美］斯蒂文·贝斯特，道格拉斯·凯尔纳著，陈刚译：《后现代转向》，南京：南京大学出版社2002年版，第101页。

② “在现代生产占有优势的社会中，所有的生活都把自己表现为景观的无限积累。” See Debord，Society of the Spectacle，*Black and Red*，1983，Vol. 1，转引自仰海峰：《走向后马克思：从生产之镜到符号之镜》，北京：中央编译出版社2004年版，第65页。

③ 仰海峰：《走向后马克思：从生产之镜到符号之镜》，北京：中央编译出版社2004年版，第107页。

④ 仰海峰：《走向后马克思：从生产之镜到符号之镜》，北京：中央编译出版社2004年版，第107页。

⑤ 在马克思的政治经济学理论中，使用价值作为一切价值活动的出发点具有根源性意义。参阅戴阿宝：《鲍德里亚：超真实的后现代视界》，《外国文学》2004年第3期。

"交换价值不再以使用价值为基础，而是以另一个交换价值为基础，他们之间的交换不是以使用价值的有用性为基础，而是以交换价值等同性为基础"①。这就是资本主义"景观阴谋"得以实现的前提。德波认为商品的使用价值与交换价值得以分离，主要归因于现代传媒科技的快速发展，特别是广播、电视这样的新媒体为现代资本主义社会生产了一拨又一拨的"意象景观"。斯蒂文·贝斯特在评论德波的"景观社会"时，认为"景观社会"是建立在大众传媒社会的基础上的，也只有在这个基础上才能理解德波。② 现代资本主义社会的大众传媒制造了大量的"媒介景观"，从而将现实社会分解为现实（reality）和意象（image）。这正是现代资本主义社会商品的使用价值与交换价值得以分离的深层原因。

现代大众传媒的运作机制，如广告的运作机制，使得现代资本主义社会的商品消费已经完全不同于韦伯将新教伦理当作资本主义精神时期的那种基于"基本需要的满足"的消费，已是由大众传播媒介的媒介策略推动的不断制造和激发消费需求与消费意向的"伪消费"——真实的消费变成了幻觉的消费。表面上看，资本主义的商品生产达到了如此"丰盈"的地步，以至于不得不通过反复制造消费需求、激发消费意向来满足商品生产的连续性要求。但实际上，大众传播媒介并非漫无目的地制造消费需求、激发消费意向。德波认为制造消费需求、激发消费意向是大众传播媒介的一个媒介策略，其目的在于通过制造消费需求，实现对大众的操纵，使大众在媒介预设的消费意向中实现自我认同，从而使人们认同消费社会，最终奠定现代资本主义合法性的基础。而这个现代资本主义社会大众传播媒介的媒介策略的"操盘手"正是现代资本主义制度本身。

在德波看来，现代资本主义的大众传播策略制造了一个假象，掩盖了一个事实：它通过现代大众传媒营造出一个资本主义世界丰盈的"社会景观"，使大众沉醉于光怪陆离的商品消费之中，享受着广告策略提供的诱惑设计和作为消费主体的自由。但是，与此同时，资本主义生产的"异化"本质并没有发生任何的改变。德波认为，从"商品社会"到"景观社

---

① 戴阿宝：《鲍德里亚：超真实的后现代视界》，《外国文学》2004 年第 3 期。

② 仰海峰：《走向后马克思：从生产之镜到符号之镜》，北京：中央编译出版社 2004 年版，第 66 页。

会”，唯一改变的就是资本主义的“异化”从生产过程转向消费过程，而这正是资本主义“异化”的最高阶段。

我们说过，在列菲弗尔和巴特之间，波德里亚虽自师从列菲弗尔始，但最终却投向了巴特。在波德里亚这次从西方马克思主义转向现代主义以及后现代主义的轨迹上，德波是一个中介。① 斯蒂文·贝斯特和道格拉斯·凯尔纳把这个转向归纳为“从‘商品社会’到‘景观社会’再到‘类象社会’的过程”②。我国学者仰海峰对此深以为然，③ 他认为：“正是经过德波这个中介，结合巴特的符号学与列菲弗尔的日常生活理论，波德里亚较为轻松地跨入到以符号为立点批判当代社会的理论境域中。”④

事实上，比起列菲弗尔和巴特理论的影响，对于波德里亚来说，德波的理论影响更为直接一些。德波的理论探索在波德里亚的理论轨迹上不仅仅是一个中介，而且是直接的理论来源：德波的“景观社会”的一个支点就是在现代消费社会里，商品生产已经转变为“意象”生产。而“景观社会”就是一种“意象”的社会。“意象”的生产与消费成为德波“景观社会”的关键词。而波德里亚把现代资本主义社会归结为“类象社会”。这个“类象社会”与经典资本主义社会的深层对立则在于以“仿真”替代“真实”。在揭示仿真与真实的纠葛和斗争中，波德里亚借助两个核心概念“意象”与“想象”来抑制再现，从而完成了“真实”向“超真实”的过渡。这里的“意象”对“再现”的抑制之想法直接来源于德波。⑤ 所以，德波的意象理论构成了走向物象死亡的后现代理论的入口，这成为波德里亚符号社会理论的基础，或者说为波德里亚的后现代理论提供了一种

---

① 仰海峰：《走向后马克思：从生产之镜到符号之镜》，北京：中央编译出版社2004年版，第70页。

② ［美］斯蒂文·贝斯特，道格拉斯·凯尔纳著，陈刚译：《后现代转向》，南京：南京大学出版社2002年版，第101页。

③ 仰海峰：《走向后马克思：从生产之镜到符号之镜》，北京：中央编译出版社2004年版，第70页。

④ 仰海峰：《走向后马克思：从生产之镜到符号之镜》，北京：中央编译出版社2004年版，第70页。

⑤ 戴阿宝：《鲍德里亚：超真实的后现代视界》，《外国文学》2004年第3期。

视野。①

德波理论的主要方面也多是波德里亚理论关注的焦点，如商品的使用价值与交换价值的分离及物的使用价值之消解、符号体系之建立，景观社会与类象社会，商品消费向意象消费之过渡与商品消费向符号消费之过渡，当代大众传播媒介对于资本主义消费社会形成的关键作用等。

但是，作为法国马克思主义左翼阵营的思想家，德波始终都是一个西方世界的马克思主义者。按照仰海峰的说法，他最多是一个“现代性意义上的西方马克思主义者”。德波与波德里亚一道同出于列菲弗尔的门下，共同感受着法国20世纪60年代以来的社会变动，对于当时法国社会思潮的思考也有着许多相似的地方。然而，他们最终的走向完全不同：德波始终没有脱离西方马克思主义阵营，始终是一个情境主义社会学的成员；而波德里亚却曲折很多。同是关注现代资本主义消费社会，与德波通过“景观社会”批判资本主义不同，波德里亚把他的理论触角伸向了巴特的符号学，对马克思主义的资本主义商品生产的政治经济学批判给予一个符号学的改造，即对现代资本主义之消费社会的符号的政治经济学批判。在麦克卢汉媒介的技术决定论的引领下，以“类象”、“超真实”到“内爆”建构起来的一个“类象社会”，完成了资本主义消费社会的后现代解读，从而从西方马克思主义转向结构主义、后结构主义，最终一头扎向后现代主义。这一过程也印证了林志明的评价：“布希亚当然是在流变中的。”② 而这也是波德里亚思想难以归类的原因之一。

具体到个别问题，德波与波德里亚的分歧比比皆是。例如，作为后现代理论家，波德里亚不相信对于人类社会可以给出一个终极的、总体性的解释；他也否认主体性行为可以推动、减缓或者改变人类社会的进程。“对于不可逆转的资本体系，只能维持一种无为的态度……历史发展是‘无主体的过程’，人类所能做的就是静观其变和顺势而为，以及在思想上

---

① 参阅仰海峰：《走向后马克思：从生产之镜到符号之镜》，北京：中央编译出版社2004年版，第70~71页。

② 林志明：《译序：描绘一个不存在于任何地方的圆周》，[法] 波德里亚著，林志明译：《物体系》，上海：上海人民出版社2001年版，第9页。

发出反讽的嘲笑。”① 而德波不同，他始终拒绝放弃解决和改变社会现实的企图。作为西方马克思主义者和境遇主义者，波德里亚始终认为“劳动人民可以看穿假象并能组织起来为他们的利益斗争。……改造社会和日常生活，去征服由景观（对于人民的麻醉）所导致的冷漠、假象、被动和支离破碎。战胜被动……通过积极的‘境遇’创造和技术进步来提高人类生活”②。又例如：对于现代资本主义消费社会的分析，德波和波德里亚都注意到现代大众传媒的主导作用。但德波对于现代传媒的理解还是处于法兰克福学派大众传媒理论的范围，停留于大众传媒的内容层面。而波德里亚深受麦克卢汉媒介理论的影响，把“媒介即讯息”的理论发展为“类象社会”的媒介批评理论。通过“类象”、“超真实”和“内爆”来解释现代资本主义的“消费社会”。

到这里，影响波德里亚的最后一个人物也就出场了，那就是麦克卢汉。按照道格拉斯·凯尔纳的说法，波德里亚之所以被推崇为“新的麦克卢汉”是源自他的《让·鲍德里亚：从马克思主义到后现代主义及远处》（*Jean Baudrillard*：*From Marxism to Postmodernism and Beyond*, Polity Press, 1989）一书。③ 而林志明也认为：“布希亚是我们这个时代的麦克卢汉。媒体分析在他的概念网络中的确占据着一个主导性的位置。”④ 而事实上，前溯至20世纪60年代，波德里亚的理论进路就联系于麦克卢汉的媒介理论。最早的材料见于1967年波德里亚的一篇关于麦克卢汉《理解媒介》（*Understanding Media*）的评论。那时，对于“媒介即讯息”的观点，与西方马克思主义一样，麦克卢汉还只是被波德里亚看作一个技术还原论者和技术决定论者。但是，到了1972年，波德里亚在他的《符号政治经济学批判》上发表了《媒介的挽歌》。道格拉斯·凯尔纳认为《符号政治经济学

---

① 刘燕：《鲍德里亚的后现代传媒理论与媒介现实的构建》，《国际新闻界》2005年第3期。

② ［美］斯蒂文·贝斯特，道格拉斯·凯尔纳著，陈刚译：《后现代转向》，南京：南京大学出版社2002年版，第117页。

③ “实际上鲍德里亚是一个‘新麦克卢汉’，他已将麦克卢汉包装为新的后现代文化资本。”参阅［美］道格拉斯·凯尔纳著，李卫华译：《波德里亚：一个新麦克卢汉》（节选），《问题》（第二辑），北京：中国人民大学出版社2003年版。

④ 林志明：《译序：描绘一个不存在于任何地方的圆周》，［法］波德里亚著，林志明译：《物体系》，上海：上海人民出版社2001年版，第14页。

批判》一书是波德里亚摆脱西方马克思主义理论，建构符号的社会批判理论的开始，并且，到 1973 年《生产之镜》问世后，他完成了从西方马克思主义向后马克思主义的过渡。此时，麦克卢汉的媒介理论已成为波德里亚摆脱西方马克思主义理论，建构符号的社会批判理论的重要的理论支点。

如果说，巴特是波德里亚离开列菲弗尔的原因，那么，麦克卢汉就是波德里亚与德波分道的关键人物：从《物体系》始，波德里亚关注现代资本主义社会的眼光从生产领域转向消费领域，[①] 借用巴特《流行体系》中关于时装分析的“直接意指层面”和“含蓄意指层面”的分离理论及符号学的“能指的漂浮”理论，[②] 通过物的“直接意指层面”和“含蓄意指层面”的分离，分析出商品使用价值（功能）与消费价值（意义）的分离，最终完成了物象符号的转化，从而实现了对物品世界的意识形态批判。这部由列菲弗尔拟订计划、巴特提供分析理论、波德里亚完成的著作，却由于波德里亚的创意，在其思想的演进过程中，冲破了原初的思想架构——

---

① “布希亚在本书中的基本质问，便是处于这样的历史和理论脉络。马克思和卢卡奇的理论批判，集中于生产程序，马尔库塞和戈尔德曼则集中于技术官僚体制中的理性化组织问题，而我们可以说布希亚质疑的是消费层次。”引自林志明：《译后记：一个阅读》，［法］波德里亚著，林志明译：《物体系》，上海：上海人民出版社 2001 年版，第 233 页。

② “我们在这里针对《物体系》一书解读，巴特被呈现为分析方法的提供者（或者说，此书是巴特‘物品语义学’的研究的补全）。”引自林志明：《译后记：一个阅读》，［法］波德里亚著，林志明译：《物体系》，上海：上海人民出版社 2001 年版，第 268 页注。

马克思理论。[1]

波德里亚与德波都承认现代消费社会"意象生产"对于"商品生产"的颠覆作用，并且把这种颠覆作用归结为大众传媒所起的基础性作用。[2]我们在前面讨论波德里亚与德波的理论渊源时，曾指出他们之间的两个重要分歧之一——对于大众传播媒介在消费社会中之作用作出的不同的理解：德波对大众传媒的理解更接近于法兰克福学派的媒介批评理论，即在主客体二元分立的基础上，把传媒理解为主体对客体的一种控制。其基本论点就是媒介通过传播的内容（讯息）对受众的影响实现对受众的控制。这也就是马尔库塞的大众传媒的"单向度"控制理论。英国的伯明翰学派学者，如斯图亚特·霍尔，通过对英国工人阶级和青年亚文化的分析研究，指出存在的大众对传播媒介的抵制与违抗。但是，他们仍然是在大众传媒（主体）与受众（客体）之间寻找媒体对大众的控制策略。

波德里亚显然接受了麦克卢汉的"媒介即讯息"理论。其与德波的根本不同在于：媒介影响受众的因素，不仅是其内容（所指），而且还在于其形式（能指）。甚至在波德里亚看来，媒介的形式是唯一影响受众的因

---

① 列菲弗尔对消费社会物品的意识形态之批判，源自这样一个理路：在日常生活中，在物品的功能体系之外，还有一个物品的意义体系。在以生产为主导的资本主义社会里，物品的意义外显于商品的消费价值。消费价值只与使用价值相联系。这是马克思通过商品批判资本主义社会的一个支点。在资本主义消费社会里，由于商品的使用价值与交换价值相分离，毫无使用价值的物品意义得以参与交换价值，因而干扰了商品的生产与消费。列菲弗尔的目的在于批判物品意义参与交换价值的资本主义消费机制，揭示其通过赋予物品意义实现剥削的新兴的资本主义商品交换。在此，列菲弗尔始终没有离开马克思主义唯物论的立场。按照列菲弗尔的研究计划，采用巴特的符号学理论，波德里亚如此异源结合的研究最终却偏向了巴特。波德里亚分析物品意义与功能分离的原因，借用索绪尔能指与所指的理论，不但肯定功能与意义的分离，而且承认使用价值与交换价值的分离，从而为物品意义成为交换价值打开了缺口。更进一步，结合消费社会的现实，波德里亚不但接受物品意义充当交换价值。而且，看到了在交换过程中，物品意义挤占物品功能的份额，并且，最终完全替代物品的功能，于是资本主义社会进入到以符号消费为标志的消费社会。波德里亚尽管很不情愿，却认为这一过程无可避免，不但必然，而且合法。此刻，波德里亚的理论立场完全转到马克思主义唯物论的反面——唯心论一边。

② "在鲍德里亚的世界中，当代大众传媒起着极其重要的作用"，"当代大众传媒已经成为当代资本主义社会向后现代转换的重要力量。"引自季桂保：《让·鲍德里亚的后现代文化观》，《电影艺术》2000年第4期。

素。所谓“能指的漂浮”揭示了媒介本身构成了人们的存在方式，而内容（所指）反而“内爆”为碎片，成为“垃圾”的事实。当大众传媒对受众的影响主要取决于媒介本身（能指）而非传播的内容（所指）时，主体（大众传媒）对客体（受众）的影响作用即被“悬隔”。媒介本身作为物的存在成为大众传媒的主导因素。而麦克卢汉“媒介即讯息”的理论的实质就是媒介代替讯息成为影响受众的主要因素。

由于现代社会大众传媒普遍被看作是时代社会的主导力量，因而把大众传媒的媒介技术看作是大众传媒的决定因素，得出大众传媒的媒介技术主导时代社会的结论，最终，麦克卢汉的“媒介决定论”被冠上了“技术决定论”的罪名。

对大众传媒的不同看法成为德波与波德里亚理论分野的重要节点，其结果便是德波的理论框架始终都是西方马克思主义的。如果说有什么不同，也只是在于德波把立论的支点建立在大众传媒和消费社会的场域之中，把西方马克思主义对社会历史的“物象”批判转到对现实社会的“意象”批判上来，但其理论的总体策略，始终与卢卡奇的总体性革命相一致。也正是在这个意义上，他至多只能算是一个现代性意义上的西方马克思主义者。[①] 而波德里亚，在麦克卢汉的媒介技术论的引领下，把西方现代社会归结为一个由大众传媒制造，通过那个“仿真机器”不断生产意象、符号和代码构造的，由媒介自主操控社会日常生活的超真实王国。[②] 当代大众传媒也因此成为了当代资本主义社会向后现代社会转换的重要力量。这里的关键在于，大众传媒的技术发展使得现代传播媒介完全不同于传统的传播媒介，媒介技术的进步使其可以大量炮制基于仿真的类象，而不是传统传播媒介的基于再现的镜像。用“仿真”替代“再现”，用“类象”替代“镜像”，这使得波德里亚得以脱离马克思主义的轨道，沿着巴特的结构主义、后结构主义的轨道，最终完成了他的后现代转换。

需要说明的是，麦克卢汉关于媒介的“技术决定论”的一个基本点是

---

① 仰海峰：《走向后马克思：从生产之镜到符号之镜》，北京：中央编译出版社 2004 年版，第 70 页。

② 戴阿宝：《鲍德里亚媒介理论的若干问题》，《外国文学评论》2004 年第 2 期。

技术进步对人类社会的作用始终具有积极的意义。[①] 对于技术进步给人类社会带来的负面影响，麦克卢汉主张“理解技术”，可以说这是一种较为温和的技术中心论。[②] 而波德里亚则不同。他改造麦克卢汉之媒介的“技术决定论”的目的在于通过分析当代这个由生产主导转向消费主导的资本主义社会形态，指出由媒介技术革命推动的当代资本主义社会终将走向崩溃的结局。

在波德里亚看来，媒介已经成为社会变革的力量。正是迅猛发展的当代大众传播媒介的新技术革命促使传播媒介制造了数不胜数的、无与伦比的“类象”奇观，使得当代消费社会已经演变成为一个“类象社会”：生产转向消费，主体转向客体，物品转向符号，再现转向仿真，传统社会得以安身立命的一切都在对新技术无限追求的“致命策略”的牵引下，在大众传媒这个“仿真机器”越来越快的运转中“内爆”为碎片。波德里亚对于当代大众媒体的技术特性所持有的完全是一种“消极”、“悲观”、“命定”与“虚无”的态度，[③] 以至于被称作“传媒恐惧论”。[④] 与麦克卢汉的媒介乐观论可以说是南辕北辙。[⑤]

在梳理过波德里亚思想的渊源以及这些思想在其理论进程中的影响之后，关于波德里亚及其理论已经可以给出一个大致的描画了。

波德里亚对于自己的理论进程曾给出过一个基因隐喻：“由《物体系》（*The System of Object*，1968）到《致命的策略》（*Fatal Strategies*，1983）的双螺旋：一个是朝向记号、拟像和模拟领域的普遍旋曲，另一个则是在

---

① 麦克卢汉说：“任何媒介（即人的延伸）对个人和社会的任何影响，都是由于新的尺度产生的；我们的任何一种延伸（或曰任何一种新的技术），都要在我们的事务中引进一种新的尺度。”引自［加］麦克卢汉著，何道宽译：《理解媒介》，北京：商务印书馆2001年版，第33页。

② 戴阿宝：《鲍德里亚媒介理论的若干问题》，《外国文学评论》2004年第2期。

③ 刘燕：《鲍德里亚的后现代传媒理论与媒介现实的构建》，《国际新闻界》2005年第3期。

④ 季桂保：《让·鲍德里亚的后现代文化观》，《电影艺术》2000年第4期。

⑤ “与麦克卢汉的对媒体即讯息的乐观预言相反，鲍德里亚从其象征理论的互惠性要求出发，对媒体的前景作出了悲观的预测。”参阅孔明安：《从媒体的象征交换到“游戏”的大众——鲍德里亚的大众媒体批判理论研究》，《南京大学学报》2004年第2期。

诱惑和死亡阴影下，所有记号的可逆转性质。在螺旋线上，这两个范式各自分化，却没有改变它们的对立位置。”① 如果说，波德里亚的整个学术是一个 DNA，那么当代资本主义消费社会就是他环绕的主轴，而这条螺旋上升的双股链则代表了波德里亚理论诉求的两个趋势：一个是在巴特的符号学和麦克卢汉的媒介技术决定论的作用下对现代资本主义社会进行的符号学分析与技术至上主义的形而上“玄想”，旨在建构起自己的解释当代消费社会之文化表征体系的符号结构理论；另一个则是建立在技术至上主义的悲观宿命基础上的对技术主导的社会进步之彻底解构，是向着古代的“象征社会”的皈依，是在“象征社会”与“资本社会”之间的又一次“断裂”，② 是象征秩序不断挑战符号秩序的过程③。

矗在这个并置、逆向的 DNA 双螺旋的学术进程中，矗立着几座显要的丰碑。1968 年出版的《物体系》便是这个学术螺旋股链上的第一座丰碑。“物和人，主体和客体，他们的关系，便是本书的最基本的质问起点。”④ 与马克思和卢卡奇集中于生产程序的异化批判不同，也与马尔库塞和戈德曼集中于技术官僚体制的理性化组织问题之批判有别，波德里亚的质问走向是，在现代资本主义社会的消费活动中物品何以有意义。⑤

《物体系》在“导论”之后共有四章，即“功能性系统或客观论述”，“非功能性系统或主观论述”，“后设及功能失调体系：新奇的小发明和机器人”，“物品及消费的社会——意识形态体系”。“结论”是迈向“消费”的定义。该书讨论了两个核心理论：

---

① ［法］波德里亚：《由物的体系到物的宿命》，《他者自述》，1987 年，转引自林志明：《译序：描绘一个不存在于任何地方的圆周》，［法］波德里亚著，林志明译：《物体系》，上海：上海人民出版社 2001 年版，第 10 页。

② 波德里亚认为古代社会是“象征性交换”占据主导地位的“象征社会”，而现代资本主义社会则是以“生产性逻辑”为主导的社会。从古代社会向现代社会的转换构成了人类社会历史的第一次“断裂”。参阅余凤威：《鲍德里亚理论思想概述》，http：//www. culstudies. com/plus/view. php？ aid = 1785。

③ 关于波德里亚理论的双螺旋结构，参阅高亚春：《对现代性质疑的基本立场》，《自然辩证法研究》2005 年第 2 期。

④ 林志明：《译后记：一个阅读》，［法］波德里亚著，林志明译：《物体系》，上海：上海人民出版社 2001 年版，第 229 页。

⑤ 参阅林志明：《译后记：一个阅读》，［法］波德里亚著，林志明译：《物体系》，上海：上海人民出版社 2001 年版，第 233 页。

（1）物体系作为自足的世界。波德里亚认为在现代社会，物的存在显现为它的功能性，工具理性之技术进步的基本欲望与物体系的基本欲望是一致的：即对功能性的追求。在工具出现之前，人与自然是直接的内在关系，只是在有了工具以后，人才可以对自然说“不”，工具因此获得了自主性的地位。而当工具作用于物时，物本身也就从自然的整体中独立出来，取得了自主性的地位。在这个工具对物取得支配地位的过程中，起关键作用的正是工具的功能。因此，现代资本主义社会工具理性之技术进步的基本欲望与物体系的基本欲望指向的都是他们的“功能性”。对于功能性的无限追求正是马克思所批判的以生产逻辑为主导的资本主义社会的基本诉求。

但是，当资本主义社会对“功能性”的追求上升到第一性的时候，功能性也就成为唯一的追求，变为“为功能性而功能性”。于是，对功能性的追求就进入到“自动化”阶段。这时，物的或者工具的“功能性”已经完全独立出来，获得自足性，与物质世界（客体）和意识（主体）分离。技术进步无关乎主客观方面的实际需求，而是像一列失去控制的火车一样轰轰地奔向死亡的境地。对此，最突出的表现就是生产出大量“无意义的小发明”和伪功能化的“小玩意儿”。“这种发明以强迫症的方式体现出来，使我们进入到无意义的小发明中，进入到一个功能错乱的世界，即功能迷信的时代：我们总是要发明一些无意义的东西以满足自己的强迫性顽念。……‘小玩意儿’是空洞功能主义的表现，是想象中的功能化。”①

于是，就出现一个“功能性”的取舍问题。社会对于不同功能的选择开始体现出社会的价值取向。“技术的功能性被心理投射的主观动机代替了。”② 技术的功能不再关心它在人与自然之间担负的中介作用，而只关注它在人的价值尺度或心里投射中处于何种地位。而此时，人与自然的关系也就转换为人与技术的关系。由于技术最终要通过对物的“座架”体现出来，因此人与技术的关系最终必然变成人与物体系的关系。于是，对于功能性追求的技术进步的着力点就不再是以“生产逻辑”为基础的社会生

① 参阅仰海峰：《功能化时代的物的意义形态批判》，《福建论坛》2003 年第 3 期，第 57 页。

② 参阅仰海峰：《功能化时代的物的意义形态批判》，《福建论坛》2003 年第 3 期，第 58 页。

产，而是以人们的主观价值取舍为基础的社会消费。

简言之，当人们对“功能性”的追求演变为“为功能性而功能性”的时候，物的功能性对人的意义就不再是满足人们的物质需要，而是转化为彰显人的价值。在波德里亚看来，这正是现代资本主义由“生产逻辑”主导转为“消费逻辑”主导的深层原因。与此同时，物也不再是满足人的“功能性”需要对象，而是作为一个自足的体系与人的价值尺度形成平行的投射关系。于是，不是主体对物质世界的改造，而是我们自己在自足的物体系里寻找自己的价值。主体完全演变成为物体系的“规训”对象，而这时的物体系则是以物的意识形态对我们发生作用。

（2）物的意识形态化。要实现物体系与我们之间的平行的投射关系，必须完成物的意识形态化，因为，只有一个拟人化的或者成为准主体的物体系才能对我们产生主导作用。在波德里亚看来，与传统社会通过“种姓”和“身份”来确定物品存在的方式不同，现代社会物品的存在方式是通过“模范”和“系列”来区分的。传统社会通过“种姓”和“身份”来确定物品存在的方式，主要是基于物的“功能性”所形成的物的“风格性”。如一张农家的桌子不同于路易十三的桌子，在于他们的“风格性”的差异，这种不同“风格性”的背后显示的是一种地位与身份的差异。但是，假使路易十三的桌子失去桌子的某些功能，那么它相对于农家桌子的优越性立即不复存在。这里的“风格性”是以“功能性”等同为基础的，即此时物的“功能性”等于“风格性”。

现代社会的物品意识形态已经超越了物的“功能性”，进入到一个符号的意指关系层，通过“模范”和“系列”构建起物的体系。此时，上层社会的物的存在方式与下层社会的物的存在方式之间的阻隔已被打通，那个标志物的存在方式的差异且基于物的“功能性”所形成的“风格性”消失了，上层社会的物的存在方式与下层社会的物的存在方式之间起隔阻作用的已经不是先在的权力，而仅仅在于个人的“财力”，这是资本主义消费得以普遍化的重要原因。因此，当物的意识形态超越了物的“功能性”，进入到一个符号的意指关系层之后，物与物之间的“差异”就不在于它的“功能性”，而在于其在“模范”和“系列”之间的流动关系中的位置(时间的和空间的)：“对模范的追求，使我们产生权力的超越感，而在系列中，这种超越感又使我们通过合乎自己个性的表达方式表达出来，使物似乎体现为‘个性化’的物。”①

上层社会对“模范”的追求和下层社会对“系列”的追求之间是可通约的关系。就是说“模范”可以成为“系列”，“系列”也决定着“模范”，“模范”与“系列”之间可以转换，但与传统社会的上层社会风格决定下层社会风格不同，现代社会是由下层社会的“系列”来决定上层社会的“模范”的，是一个从“系列”向“模范”上升的过程。“系列”由“差异”组成，通过“差异”来彰显物品选择的“个性化”。而选择的“个性化”正是个人为在消费体制中找准自己的位置，使个人成为社会经济体制中的一员的主体性行为。于是，资本主义社会的物品体系便成为这样一个动态系统，即通过不断制造“差异”满足个人的“个性化”宣示，而这种“差异”的制造又被纳入“系列”，由“系列”来规整，而“系列”的规整过程则是朝向一个终极“模范”的永久的指向。

逐利的本性使资本主义再生产从追求物品的“功能性”的创新转到对物体系的“系列”的“差异”的制造上面来。为了获取更多的利益，资本主义生产逐渐成为为“差异”而生产“差异”的生产，并且“差异”的制造速度越来越快，旧的“差异”刚刚出现，新的“差异”接踵而至。其结果是：一方面，“差异”连续不断地被制造出来，造成这些“差异”的区隔越来越小，“差异”越来越走向边缘化领域，最终趋于消解，这就是波德里亚后来所说的“内爆”；另一方面，与“差异”的生产速度相一致，“差异”的死亡速度也越来越快，原先由“差异”形成“系列”，再由“系列”通向“模范”的物体系秩序因此越来越不稳定了，“差异”的产生与死亡速度太快，根本无法通过“系列”上升到“模范”，于是“模范”就成了一个虚拟化的摆设，仅仅是一个人们心理投注的对象，其存在的理由也不过在于为资本主义物品的“差异”生产设置一个终极的目标。至此，“模范”变成了物品存在的天外之神：应该有个“模范”存在吧！尽管从未有人见过。

从上面的叙述中可以看到，资本主义生产从对物品的“功能性”的追求发展到为满足消费者的个性宣示而转向对“系列”之“差异”的追求。

---

① 参阅仰海峰：《功能化时代的物的意义形态批判》，《福建论坛》2003 年第 3 期，第 59 页。

由制造物品的“功能性”来主导生产到由制造物品的“差异”来主导生产的转变显示出资本主义社会由“生产逻辑”主导转向由“消费逻辑”主导。这是《物体系》的第一个结论。

在传统社会里，社会上层与社会下层基于物的“功能性”而形成的物的“风格性”的区分构成了上层社会物的存在方式与下层社会物的存在方式之间不可通约的象征关系，要注意的是这种象征关系的序列指向是下层社会对上层社会的“隔岸”仰视与模仿，而上层社会的物品存在方式则是以一种“经典”自居的对下层社会的引导和“鸟瞰”式的优越性宣示。这时，社会的等级区分存在于物品之外。

现代资本主义社会取消了社会上层与社会下层之间的存在于物品之外的、基于“种姓”和“身份”的物的存在方式之区隔，实现了物在消费方面的全面平等。由“差异”和“模范”组成的物品体系，是借助下层社会个人的“个性化”追求来推动物品“差异”的制造，从而形成由“系列”和“模范”构建的当代资本主义社会的物品体系。

因此，由“系列”和“模范”构建的当代资本主义社会的物品体系的序列方向是借由下层社会的物品的“个性化”追求来推动物品的“差异”的制造，从而完成由“系列”向“模范”的转化。同时，社会的等级区分内化于物品体系本身，在物品之外，社会的等级区分被消解了。这就是波德里亚关于物品处于主宰地位的形而上学思考，即当代资本主义物品体系的意识形态。这是《物体系》的第二个结论。①

需要说明的是，资本主义社会的物品体系由社会下层向社会上层的移动，不仅取决于资产阶级所宣示的自由、平等、博爱的“民主神话”，而且也取决于资本主义生产和再生产追求消费人数的最大化诉求。

1970年出版的《消费社会》是波德里亚的第二部著作。这部著作延续了《物体系》的第一个结论，即“消费本身构成了生产体系的替代性体系，消费在今天已经成为主导性逻辑”②。波德里亚进一步认为：“随着物品体系的来临，消费这一概念的内涵发生了根本性的转变。今天，消费不

---

① 参阅［法］波德里亚著，林志明译：《物体系》，上海：上海人民出版社2001年版，第159～179页。

② 仰海峰：《走向后马克思：从生产之镜到符号之镜》，北京：中央编译出版社2004年版，第138页。

再是一种被动的吸收过程，消费是一种建立关系的主动模式，这种关系不仅体现了人与物品之间的关系，而且也体现了人与集体及世界之间的关系。"[①] 因此，从《物体系》到《消费社会》一以贯之的思路就是延续将符号学应用到消费社会的批判性分析之中的理路。此时，"无论是在符号逻辑里，还是在象征逻辑里，物品都彻底地与某种明确的需求和功能失去了联系"[②]，"消费本身已经构成了一个具有文化意义的自组织领域，在这个自组织领域之中，一切物品都变成了具有文化符号意义的物品"[③]。

这里，波德里亚要论证的是在资本主义消费社会里，消费活动已经被符号所控制和操纵，这正是资本主义消费社会的深层逻辑：通过符号体系区分消费物品的符号身份，从而达到"规训"消费者的目的。而现代资本主义社会则因此完成了对公众的另一种形式的支配与控制。

资本主义通过物品符号体系的建构与控制，以物品消费的方式实现资本主义的意识形态。在这个过程中，看得见的是当代资本主义社会"物品"消费的自由、平等以及由符号体系推动的，为不断制造物品"差异"，以"系列"的名义显示出来的"物品"的极大的丰富性和多样性的假象；而这个假象所遮蔽的则是资本主义意识形态对社会生活的操控无孔不入，已经渗透到日常生活的各个角落。此外，这个假象还隐瞒了这样一个事实，即在物品消费过程中，对"个性化"无以复加的追逐，使得公众陷入了资本主义意识形态所制造的符号体系之中而浑然不觉，对资本主义的种种符号阴谋毫无反抗之力，从而使公众对资本主义制度的合法性显现出一种"自觉自愿的认同"[④]。

需要指出的是，当代资本主义通过建构物品符号体系来控制当代消费社会所倚仗的手段主要是当代先进的大众传播媒介。资本主义的"符号策

---

① 仰海峰：《消费社会批判理论评析——鲍德里亚〈消费社会〉解读》，《长白学刊》2004 年第 3 期。

② ［法］波德里亚著，刘成富、全志钢译：《消费社会》，南京：南京大学出版社 2000 年版，前言。

③ 仰海峰：《走向后马克思：从生产之镜到符号之镜》，北京：中央编译出版社 2004 年版，第 138 页。

④ 参阅［法］波德里亚，刘成富、全志钢译：《消费社会》，南京：南京大学出版社 2000 年版，第33 ~99 页。

略”也就是资本主义当代大众传媒的“媒介策略”。因此大众传播媒介变成了一个事实上的“符号制造者”。而在此，波德里亚也给出了这样的暗示，即对资本主义的符号的政治经济学批判的着力点将放在当代大众传播媒介的发展上。而随着波德里亚思想的发展，特别是在波德里亚思想进程的后期，大众传播媒介及其技术俨然成为他认识和批判当代资本主义社会的全部视域。

在《物体系》和《消费社会》的理论演进之后，我们看到，在当代资本主义社会，“一切东西只有转化为符号价值时才有自己的存在根据，而这一转化过程同时也是当代资本主义社会支配意识形态的深层建构”①。对当代资本主义消费社会在意识形态层面的解释与批判，显然有必要建构一种有别于传统的马克思主义政治经济学理论的新的理论话语，这就是“符号的政治经济学批判理论”。

《符号政治经济学批判》于1972年出版。波德里亚认为：“随着消费社会的来临，媒介的作用日益重要，以符号编码为运作方式的媒介，使消费成为现代社会的合法性基础。因此，必须从马克思的政治经济学批判，走向符号政治经济学批判，揭示现代社会中符码的统治及其运行方式。”②

在这本书中，波德里亚实现了符号学与马克思政治经济学的统一，并同时对符号学和政治经济学进行了批判，试图以此建构一套解释当代资本主义消费社会的完整的理论体系，以便给他的针对当代资本主义消费社会的批判找到一个理论基石。

正是下面三个问题构成了波德里亚《符号政治经济学批判》理论质问的主要方面③：

（1）马克思主义认为物质生产是解释人类社会发展的终极原因，并从商品的分析入手解释资本主义生产的本质。马克思的一个创造就在于解释了劳动的两重性及其资本主义商品生产的两重性，即劳动与一般劳动形

---

① 仰海峰：《走向后马克思：从生产之镜到符号之镜》，北京：中央编译出版社2004年版，第206页。

② ［法］波德里亚著，仰海峰译：《生产之镜》，北京：中央编译出版社2005年版，第35页注。

③ 参阅仰海峰：《走向后马克思：从生产之镜到符号之镜》，北京：中央编译出版社2004年版，第206~243页。

式、使用价值与价值的分离。这里，马克思关于商品的形而上学批判的一个重要的支点就是把资本主义生产严格限定在物质生产之内。波德里亚不满意把资本主义生产严格限定在物质生产之内，而认为现代资本主义生产已经遍布社会生活的各个角落，在资本主义的物质生产之外还有资本主义的意识生产、文化生产、符号生产等。因此，从物质生产之外研究资本主义生产的扩大形式就成为波德里亚《符号政治经济学批判》的理论出发点。①

（2）马克思政治经济学批判的理论前设就是劳动的两重性及其资本主义商品生产的两重性，即劳动与一般劳动形式、使用价值与价值的分离。受巴特的符号学理论的启发，波德里亚发现符号学理论所提出的能指（Signifier）与所指（Signified）、符号与指涉物、符号价值与符号形式的分离，均与马克思的政治经济学具有同构性。“符号的能指与所指，就与商品的交换价值与使用价值处于相同的抽象逻辑中。”②

如同使用价值与价值的分离成为马克思政治经济学批判的理论前设，当波德里亚把针对现代资本主义社会的政治经济学批判伸向物质生产领域之外，关注的焦点落在资本主义的意识生产、文化生产、符号生产等方面时，符号价值与符号形式、符号与指涉物的分离就成为《符号政治经济学批判》的理论前设。“如果使用价值构成了交换价值的形而上学保证，同样，所指也构成了能指的形而上学保证，正是这种保证，使符号形式（如物体形式一样）成为符号价值（如商品）的基础”；“这样，符号的政治经济学批判的对象，既不是简单的商品，更不是直接的自然物，而是‘物体’。因此，‘物体’这一概念，实际上是商品、符号与自然物的结合物。到这里，鲍德里亚《物体系》中物的概念，才得到了清晰的说明”。③

---

① “如果说在《消费社会》中，鲍德里亚还是从双重逻辑出发的话，那么在《符号的政治经济学批判》中，鲍德里亚的倾向性很明显，那就是要走出马克思的生产逻辑。”引自仰海峰：《中译本序言》，［法］波德里亚著，仰海峰译：《生产之镜》，北京：中央编译出版社 2005 年版，第 7 页。

② 仰海峰：《走向后马克思：从生产之镜到符号之镜》，北京：中央编译出版社 2004 年版，第 221 页。

③ 仰海峰：《走向后马克思：从生产之镜到符号之镜》，北京：中央编译出版社 2004 年版，第 222 页。

（3）在马克思政治经济学中，连接使用价值与交换价值的中介是“需要”。马克思设定人作为客观物质世界的一部分，人的生存（对物质的需求）的合法性具有自然的法理基础。但是，人类社会作为一个有序的存在，人的基于生存的“需要”是通过社会上层的权力意识形态实现的。对于“大同社会”实现之前的一切社会形态来说，如果说它们之间有什么不同，那就是上层权力意识形态在分配有限的物质以满足无限的人类“需要”时，先满足哪些人，后满足哪些人。而上层权力意识形态对“需要”的控制权始终不会改变，就是说，现实的权力意识形态把各自独立存在的使用价值与交换价值连接在一起。这一过程也是物的使用价值与主体之间的关系从原始社会的“象征关系”向商品社会的“交换关系”的转变过程。

权力意识形态是通过操纵主体的客观性“需要”来形成社会生产与消费的秩序，因而生产的辩证法便可以解释为，上层权力意识形态的合法性来源于物质世界的合法性，而上层权力意识形态的合法性被确认之后，就会对客观的物质世界及其物质生产的过程发挥“主观能动性”。这时，“需要”使使用价值和交换价值的连接作用转换为与主体相联系的“交换价值”，并对基于客观物质世界的“使用价值”进行整合与规训。于是，物的使用价值不再取决于物本身，而取决于基于“需要”的主体对客观物质世界的单向度的意识投射。当主体不是以个体的身份而是以上层权力意识形态的身份来确认物在全社会的“使用价值”时，“使用价值”便完成了它的政治经济学的意识形态建构。

在此，基于“需要”连接使用价值和交换价值的政治经济学理论得出了如下结论：①连接使用价值和交换价值的“需要”，基于人的生存必需，因而是必然的、不可改变的。②在基于“需要”连接使用价值和交换价值的活动中，使用价值、有用性始终是交换价值的自然保证。在这个意义上，“使用价值是政治经济学的王冠和权杖”①。

索绪尔的语言学和巴特的符号学区分了语言的能指与所指、符号的符号价值与符号形式。索绪尔认为能指与所指之间是一种任意的对应关系。而符号学认为符号与其指涉物之间是任意的连接关系。而连接能指与所

---

① Jean Baudrillard, *For a Critique of the Political Economy of the Sign*, Tr. Charles Levin. St. Louis: Telos Press, 1981, p. 135.

指、符号与指涉物的是“动机”。[①]

表面上看，在“动机”的引导下，主体基于对某个所指或者某个指涉物之表达选择一个对应的“能指”或者“符号”，具有充分的“自主性”。但是，“动机”与“需要”的根本不同在于“动机”始终存在于主体的意指行为之中，这样，符号能指与主体的“动机”之间就不是以现实的自然物质世界为基础的必然联系，而是一种或然性的关系。于是，“能指的形式既可以为单一的习俗（或选择），又可为一组习俗与所指的性质所决定”，“实际上，完全动机化的符号是不可能的，尽管完全非动机化的符号很常见”。[②] 就是说，符号的确定既可以是动机化的（主体的心理投射），也可以是非动机化的或任意的。当然，非动机化的能指确认并非否定“动机”在能指与所指间的连接作用，而是表明一种能指选择过程中“动机”缺席的情况。因此，与由“需要”连接起来的存在于使用价值和交换价值之间的是一种确定性关系不同，基于“动机”联系的存在于能指与所指之间的是一种非确定性的关系。

说明这一点很重要，因为，这正是波德里亚的“符号社会”，如能指的漂浮、能指的形而上学以及拟像社会等一系列理论的基础。[③]

1973 年出版的《生产之镜》被认为是波德里亚从西方马克思主义走向后马克思主义的标志。书名受到拉康的“镜像”理论的启发。全书由五个批判组成：①劳动概念的批判；②马克思历史唯物主义人类学的自然观念的批判；③马克思历史唯物主义原始社会分析批判；④奴隶社会与封建社会分析的批判；⑤马克思主义与政治经济学体系内在关联的批判。

在此，波德里亚想说明的是：“马克思的历史唯物主义及其批判理论，实际上是站在资本主义政治经济学的立场上，马克思政治经济学批判并没

---

① 参阅［美］约翰·菲斯克等著，李彬译注：《关键概念：传播与文化研究辞典》，北京：新华出版社 2004 年版，第 173 页。

② ［美］约翰·菲斯克等著，李彬译注：《关键概念：传播与文化研究辞典》，北京：新华出版社 2004 年版，第 173 页。

③ 波德里亚认为符号的形而上学必然要求将所指和指涉物孤立出来。抽取了所指和指涉物的能指符号形成了能指之间的指涉关系，在对所指和指涉物进行否定性反思之后，所指和指涉物被纳入已经预设好的符号体系之中，从这个意义上说，所指和指涉物变成了能指的产物。参阅仰海峰：《走向后马克思：从生产之镜到符号之镜》，北京：中央编译出版社 2004 年版，第 224 页注。

有走出政治经济学框架，反而论证了资本主义社会的合法性。”①

波德里亚不承认凭借生产逻辑本身可以解释现代资本主义社会。在他看来，“虽然马克思希望对古典政治经济学进行最后的解码，并且希望打破古典政治经济学的禁闭，但他认为马克思的哲学产生于资本主义占统治地位的社会，并被与生产方式相联系的冲突所组构着”②。马克思历史唯物主义的“理论原因和普遍实践、生产力与生产关系的辩证法、矛盾的连续逻辑、积极性和消极性的同质空间——所有这些（以及历史概念本身）都是根据资本主义生产方式的理想组织起来的”③。因而，马克思以生产劳动作为其哲学的基础，并没有超越资产阶级古典政治经济学。

《生产之镜》的一个企图就是要走出以生产逻辑为基础的社会批判理论，完成以生产逻辑为基础的政治经济学批判向符号的政治经济学批判的转向。

对此，波德里亚提出了一种信息化时代的哲学理念。他认为现代社会是以大众传播媒介为主导的社会，而大众传播媒介的运行基础不再是物质生产，而是符号生产。这是现代社会的重要特征，“即随着全球资本主义社会的出现，特别是因特网的出现，信息的增殖打破了物质生产的地域界限，信息空间使实体化的二元世界失去了真实性”④。资本主义政治经济学不再以使用价值与交换价值为中心，而是完成了使用价值向符号价值的转换和交换价值向符号价值的转换。⑤ 前者产生于现代资本主义社会商品之实用性的瓦解，社会消费以非生产性的消费为主、社会生产以“差异”的生产为主这样一个社会转型；后者则构成了奢侈消费，而大众传播媒介特别是广告在消费活动中成为主导因素。整个资本主义社会的消费由商品形

---

① 仰海峰：《中译本序言》，［法］波德里亚著，仰海峰译：《生产之镜》，北京：中央编译出版社 2005 年版，第 8 页。

② 仰海峰：《马克思主义哲学与古典政治经济学：一种后现代的挑战》，《理论探讨》2003 年第 5 期，第 27 页。

③ ［法］波德里亚著，仰海峰译：《生产之镜》，北京：中央编译出版社 2005 年版，第 95 页。

④ 仰海峰：《马克思主义哲学与古典政治经济学：一种后现代的挑战》，《理论探讨》2003 年第 5 期，第 31 页。

⑤ 仰海峰：《走向后马克思：从生产之镜到符号之镜》，北京：中央编译出版社 2004 年版，第 207 页。

式转向符号形式，即商品体系向符号体系的转变。①

当代西方大众传播媒介及其技术的迅猛发展和对社会生活无孔不入的渗透，使得传统意义上的资本主义社会发生了根本的改变，即以现实的物质生产为基础的社会运行逻辑逐渐转向以符码生产为主导的社会运行逻辑；资本由通过现实的物质生产获取财富转向通过虚拟的文化符号生产获取财富。这是《生产之镜》的第一个理论成果。

由此，对资本主义社会的批判理论从传统的以生产逻辑为基础的社会生产批判理论转到以文化符号逻辑为基础解释、批判现存的资本主义社会的传媒批判理论。波德里亚认为对资本主义的颠覆随着消费社会的来临，必然从经济政治层面的反抗走向符码层面的反抗。这是波德里亚《生产之镜》的第二个理论成果。

需要说明的是，波德里亚把当代资本主义社会的发展归结于大众传媒特别是电子媒介的技术进步。这一结论符合人类社会由农业社会、工业社会到信息社会的发展逻辑及事实。他注意到大众传媒的种种技术进步给当代西方资本主义社会带来的新变化，看出大众媒介制造的种种“符号景观”对当代社会商品生产的替代作用，由此，把解释和批判资本主义的着力点由“商品”转向“符号”。所以，在波德里亚那里，大众传媒已成为当代资本主义社会转型的原因和动力，同时也是理解当代资本主义社会的关节点；对大众传媒的分析与批判也因此成为他的理论内核。由于这些原因，波德里亚对西方资本主义分析批判所形成的理论被划入西方传媒批评理论范畴，并因此被看作西方后现代传媒批评理论的代表。

但是，作为批判当代西方资本主义社会的理论之一，尽管受到麦克卢汉等传媒理论的影响，波德里亚批评理论的目标显然不是大众传媒本身，而是现代大众传媒控制下的当代西方资本主义社会；他接受了麦克卢汉关于媒介的许多理论，如受麦克卢汉媒介理论的影响，波德里亚把大众媒介对当代社会的作用落脚在媒介技术本身，也因此被冠以“技术决定论者”头衔。但毕竟理论批评的目标不同，波德里亚关于大众传媒的看法常走到

① “但是，这并不意味着物质性的生产在这个世界上不再占据着基础性的地位，只是物质性生产的基本场域从发达国家转到了后发展中国家……这是生产空间在全球范围内的重组，电子媒介的当代作用，正是在这种经济空间的重组中才产生出来并发挥着重要的作用。”引自仰海峰：《中译本序言》，［法］波德里亚著，仰海峰译：《生产之镜》，北京：中央编译出版社 2005 年版，第 12 页。

西方媒介理论的反面，例如与麦克卢汉对大众传媒的充分肯定和乐观情绪完全不同，波德里亚始终没有放弃对西方资本主义社会的否定性认识，[①]他的理想建筑在以“象征交换”而非“价值交换”为基础的远古社会。对于在现代大众传媒推动下运转得越来越快的现代资本主义社会，波德里亚认为那是一列奔向死亡之境的快速列车。这是一种完全悲观和虚无的态度。[②] 此时，大众传媒俨然成为把西方现代社会推入死亡之境的“罪魁祸首”，显然，传媒理论界不会接受这样的结论。也因此，尽管在现代大众传播媒介的分析中波德里亚提出了许多卓有见地的看法，但还是有人把他看作“现代大众传媒的终结者”、“传媒恐惧论者”。[③]

对当代西方资本主义的批判，应该说，波德里亚保持着西方马克思主义一以贯之的批判传统。但是，他把对资本主义社会的批判建立在对当代大众传媒批判的基础上，这使他的批判目光局限在社会的文化符码层面，抽离了马克思主义安身立命的基础——社会的物质生产方式；脱离了西方马克思主义解释和批评资本主义社会的理论视域——“生产逻辑”；把对现代资本主义社会的阐释限定在符码、文化方面，从而，与在语言、话语层面解释当代西方资本主义社会的后现代理论不谋而合。[④] 对现实的物质生产的全面抽离，使得波德里亚的社会批判理论变成了一种纯粹形式的批评理论，是“为批评而批评”的理论，这种理论既没有现实的依据，也没有现实的目标，最终只能成为一种歇斯底里的“诅咒”。如此这般，与把理论的基石置于现实的物质生产，为人类社会谋取更为美好的不只是社会制度，还包括丰富的物质享受，与批判、否定现存的资本主义社会制度的

① 戴阿宝认为：“尽管我们可以从鲍德里亚的诡秘而纷杂的行文中捕捉某种忧虑，但是，他始终不改‘五月风暴’时期的介入姿态，积极跟踪当代西方社会变革，保持清醒的头脑。”参阅戴阿宝：《鲍德里亚媒介理论的若干问题》，《外国文学评论》2004 年第 2 期，第 40 页。

② 对此，波德里亚称为“中立性”。参阅潘知常、林玮：《传媒批评理论》，北京：新华出版社 2002 年版，第 351 页。

③ 季桂保：《让·鲍德里亚的后现代文化观》，《电影艺术》2000 年第 4 期。

④ “迄今为止，我们所提到的‘后现代’理论家似乎都很小心地把自己局限于文化的领域”。后现代理论“只能是一种‘文本’层面上的正说反说均可的‘阐释’，它之所以让人听起来有理，秘密就在于它是一种对已经与客观实际拉开距离的‘文本’的再阐释”。引自盛宁：《人文困惑与反思》，北京：生活·读书·新知三联书店 1997 年版，第 281 页。

马克思主义显然是不同的。其对生产力的批判和对阶级政治的告别都是经典马克思主义所不能接受的，且其对社会的现实物质生产的抽离也是西方马克思主义不愿接受的。结果波德里亚只能是如《纽约时报》所言的“后马克思主义左派阵营中一个火药味十足的孤独的漫游者”。

当波德里亚把批判资本主义的利刃从资本主义社会的物质现实层面转向文化符码层面时，他的理论轨迹与西方的后现代思潮不谋而合，从《生产之镜》起，逐渐演变为后现代主义的激进话语。①

一般来说，西方后现代思潮是对现代性的承继与反叛。流行于西方学术界和文学艺术领域的“现代性”是与“传统”相对立的一个概念。表面上，它宣示与传统的哲学、思想文化、艺术等的彻底决裂，以一种不顾一切、标新立异的姿态，揭开新时代的一页，但其实质不过是以解释工业革命以来所呈现的种种新的社会现实为借口，为资本主义社会的全面统治寻找合法性。而“‘现代’这一概念本身即已熔铸了整个资本主义赖以安身立命的全部价值观”②。它出现在马克思主义对资本主义进行猛烈批判之后，打着对传统彻底怀疑、否定与拒斥的旗号，暗藏着消解马克思主义对资本主义批判的私货，是伴随着西方工业革命进程的另外一种资本主义意识形态。③

后现代主义呈现出来的是对现代性的种种质疑与解构，其被称作“后

---

① 法国的“五月风暴”之后，随着学生运动转入低潮及这一思潮的主要代表人物相继谢世，西方马克思主义的影响日趋衰弱，理论上，由于阿多诺《否定的辩证法》所造成的颠覆性革命，西方马克思主义自身的逻辑架构已经开始消解，其直接理论结果是，西方马克思主义的一些后继者直接接受了后现代主义思潮的激进话语。参阅张一兵、胡大平:《西方马克思主义的历史逻辑》，南京：南京大学出版社 2003 年版，前言。

② 盛宁:《人文困惑与反思》，北京：生活·读书·新知三联书店 1997 年版，第 32 页。

③ 实际上，近代以来对“现代性”的认识混乱不堪。例如波德里亚认为，现代性是“一种独特的文明模式，它将自己与传统相对立，也就是说，与其一切先前的或传统的文化相对立”。(引自［法］波德里亚:《遗忘福柯》，［美］道格拉斯·凯尔纳、斯蒂文·贝斯特著，张志斌译:《后现代理论——批判性的质疑》，北京：中央编译出版社 2001 年版，第 145 页）而安东尼·吉登斯认为“现代性是一种后传统的秩序”。(参阅［英］安东尼·吉登斯著，赵旭东、方文译:《现代性与自我认同》，北京：生活·读书·新知三联书店 1998 年版，第 3 页）在此所论只是对“现代性”的一个极其含混的“总体性”陈述。

现代”的一个重要原因在于它对“现代性”的承继。① 不错，后现代理论五花八门，锋芒所指的正是现代性以及现代主义思潮盛行以来出现的种种思想和理念。但是，在维护资本主义合法性的政治取向上两者并无二致。所不同的是，后现代的理论策略通过对资本主义世界的方方面面进行不留情面的批判、质疑与解构来替代通过否定传统来肯定“现代”社会的现代性理论策略。但是，后现代主义对现代资本主义所给出的批判，与其说是否定现代资本主义，毋宁说是为了完善现代资本主义的合法性。“把这些东西作为激进批判理论的现实基础，把革命的批判活动转变为一种符号文本意义上的反抗，变成一种反抗的话语政治，这正合乎现代资本主义的内在逻辑……现代资本主义正是以一种话语政治，使政治及其反抗变成一种消费景观，掩饰的正是现代资本主义生产的逻辑。”② 所以，这种“批判”更像是给现代资本主义“挠痒痒”，具有很强的“仿真性”。③ 也正是由于这个原因，“迄今为止，我们所提到的‘后现代’理论家似乎都很小心地把自己局限于文化的领域”④。

把批判资本主义的着力点放在文化、符码层面是波德里亚的理论为后现代理论所接受的一个前提。波德里亚抽离了马克思主义安身立命的现实基础——社会的物质生产方式，把一直以来对资本主义的颠覆从经济、政治的反抗转向文化、符码的反抗，从而使对资本主义的批判成为“为批评而批评”的理论，成为“一种说法”。这些都是令西方后现代理论心驰神

---

① “现代性问题是后现代性问题的肇因，而后现代性问题是现代性问题的当代呈现。”见王岳川：《二十世纪西方哲性诗学》，北京：北京大学出版社 1999 年版，第 18 页。

② 仰海峰：《后生产时代、符号的造反与激进批判理论》，《南京大学学报》2004 年第 2 期，第 18 页。

③ 在伊格尔顿的表述中，西方现代美学的自律性包含了一个深刻的矛盾：这种自律性既为资产阶级提供了一种主体性的意识形态，又为革命性地反对资产阶级功利主义提供了人类学根据。现代美学的自律性虽然为抵抗资产阶级功利主义打开了一条通道，但是它本身毕竟属于资产阶级意识形态，因而，它的这种抵抗性往往又显得那么软弱。参阅周宪：《审美现代性批判》，北京：商务印书馆 2005 年版，第 262 页。

④ 盛宁：《人文困惑与反思》，北京：生活 · 读书 · 新知三联书店 1997 年版，第 281 页。

往、拍手叫好的“理论贡献”。[1] 波德里亚恐怕没有想到，他的那些针对马克思主义生产理论提出的挑战最后却构成了西方后现代理论的来源之一。[2]

然而，作为西方马克思主义阵营里曾经的一员，波德里亚始终没有放弃对资本主义的否定与批判立场。他的理论追求——使对西方资本主义的批判能够适应资本主义的发展变化——也是始终没有改变的。但是，违背其初衷的是，他为此所付出的种种努力走到了其理论追求的反面，这些都是波德里亚所不愿意接受的。所以，当西方后现代主义为其精彩的“理论贡献”而欢呼并称他为“后现代主义巨头”时，波德里亚却不以为然。[3] 他始终不愿放弃对西方资本主义批判的理论追求，也是由于这个原因，他在把批评的目光从社会的“生产逻辑”转到文化符码方面时，也不放弃对现实物质世界的终极关怀，相反，在对符码、影像构筑的当代社会进行了一番精辟的分析、解释之后，他所神往的理想社会还是返回到那种农耕时代，向往那种“围炉夜话”式的面对面交流式的人际往来，那种以“象征

---

① 张一兵认为物质生产实践是社会历史存在的始基前提，由于波德里亚否定了社会物质生产是社会存在的基石，因而，彻底地否定了马克思主义的历史唯物论，走到了反马克思主义一边。参见张一兵：《反鲍德里亚》，北京：商务印书馆2009年版，序3。

② 这一点上，后马克思思潮与后马克思主义哲学有着某种相似性。“无论采取了何种姿态以维持与马克思相关的形象，后马克思主义与马克思本人的思想都相去甚远。集中地说，他们在三个点上对马克思主义实行了内在的爆破：生产力、阶级和革命，而由此产生的则是生态、女性（种族、少数）和民主主义的复杂综合体。正是在这里，它与后现代思潮有了内在的亲缘性，不仅立场相互支持，而且许多重要的理论依据也都一致。”引自胡大平：《后马克思主义知识规划的由来和特征》，《人文杂志》2003年第3期，第1~5页。

③ 关于波德里亚在美国被称为后现代理论家，他说：“对于这种后现代的‘诠释’，我也不能做什么。那只是一种事后的拼贴。在拟像、诱惑和致命策略这些概念里，谈到了一些和‘形上学’有关的东西（但也没有想变得太严肃），而‘后现代’则把它化约为一种知识界的流行效应，或者是因为现代性的失败而产生的症候群。由此看来，后现代自己就是后一现代的：它自己只是一个肤浅模拟的模型，而且只能指涉它自己。”见 The End of the End：Interview with John Johnston, *Art Paper* , 1989, Vol. 1, in Mike Gane ed. , *Baudrillard Live*：*Selected Interviews*, London and New York：Routledge, 1993, pp. 157 - 158，转引自林志明：《译序：描绘一个不存在于任何地方的圆周》，［法］波德里亚著，林志明译：《物体系》，上海：上海人民出版社2001年版，第9页。

交换”为社会基础的社会模式。[①] 这样，尽管把批评的焦点放在社会的文化、符码层面，但是波德里亚也不可能如此严格在意文化领域的局限，而总是“过高地估计自己，他冲出了‘文化’的安全区，硬要涉足到政治经济学的领域去说三道四一番……结果，这使他自己的理论建构除了陷入了某种捉襟见肘的窘境不算，而且还捅了一个更大的纰漏，借用一句解构主义的行话，就是连带暴露了后现代主义理论本身的一个‘意义的死角’”[②]，波德里亚也因此转身成为“后现代主义的大祭司”，而被后现代思潮看作另类。[③]

如此看来，波德里亚难以归类不仅仅是因为他的学科定位问题，[④]而且还涉及他的理论本身。正如林志明所言，他总是在“流变之中”：他出身于列非弗尔的西方马克思主义，但其理论努力最后却拆解了马克思主义的根基，走到了它的反面。波德里亚从“生产逻辑”转到“符号逻辑”来建构社会批判理论，从而与西方的后现代主义走到了一起，但是，他与后现代主义的理论诉求根本不同，即对西方资本主义的批判，与后现代主义一直以来的“隔靴搔痒”式的花样文章不同。波德里亚保持着对现实的诉求，他对资本主义意识形态的批判绝非“虚晃一枪”，而是要切实否定这

---

① 对于这一点，张一兵说：“根植于青年鲍德里亚思想镜像深处的他性理论构架，实际上是由法国社会学家莫斯基于原始部族的人类学研究而形成的象征交换理论。”不过张一兵对象征性交换持否定态度，他说：“我们不妨将这种思想定义为文化返祖式的草根浪漫主义。”而凯尔纳则认为波德里亚的象征性交换理论仅限于从出版《生产之镜》到《象征交换与死亡》时期。参见张一兵：《反鲍德里亚》，北京：商务印书馆2009年版，序3。

② 盛宁：《人文困惑与反思》，北京：生活·读书·新知三联书店1997年版，第281页。

③ 对此，盛宁质疑道：“但细心的读者也许已经感觉到，这‘巨头’、‘大教士’和‘大红人’等用语显然带有一定的贬义，那么，这里面是否有言外之意呢?”引自盛宁：《人文困惑与反思》，北京：生活·读书·新知三联书店1997年版，第264页。

④ 波德里亚的《致命的策略》一书出版时，编者在该书的袖珍版正文前附上了一段访谈，声明波德里亚是一位“无法归类的思想家”。参阅林志明：《译序：描绘一个不存在于任何地方的圆周》，[法] 波德里亚著，林志明译：《物体系》，上海：上海人民出版社2001年版，第8页。

个遍布“死亡之境”的社会，从而皈依到那个基于“象征性交换”[①] 的、充满诗意的原始社会，最终与对资本主义现存制度始终抱持着合法性幻想的后现代主义形成严重的冲突。作为媒介批评理论的后现代代表，波德里亚把现代大众传媒看作是资本主义社会“后现代”化的根本原因，由此推演出了一整套极富挑战性的传媒批评理论，因而被称作“新麦克卢汉”。然而，大众传播媒介在波德里亚的理论中，扮演的是一个反叛的角色，其最终得出了现代资本主义社会必将解体与崩溃，而现代大众传媒本身也终将“死亡”的结论。

波德里亚理论探索经历了西方马克思主义、后现代主义和媒介批评理论三个阶段。但是，他始终都是一个“破坏者”。在这三个领地里，他的努力最终都导向对它们的肢解和破坏，结果他只能在“孤独者”、“漫游者”和“毁灭者”之间游走。而波德里亚的理想社会本来所指向的是那个以“象征交换”为基础的原始社会，但他却没有给予认真的关注，在其理论链条上它始终都只是一个作为理想存在的“虚像”；他既找不到通向“象征社会”的入口，也无法确立“象征社会”的现实基础，他的理论努力与他的理论理想总是找不到现实的恰切点。

总而言之，波德里亚难以归类、难以确定、始终处于流变之中，他什么都是，也什么都不是。“他在所有地方，也不在任何地方！”[②]

---

① 站在资本主义之外，波德里亚“一直在寻找着真正的他者，而象征性交换正是波德里亚反对现代社会的基本立场，是波德里亚的‘阿基米德支点’”。引自高亚春：《对现代性质疑的基本立场》，《自然辩证法研究》2005 年第 2 期，第 66 页。

② 林志明：《译序：描绘一个不存在于任何地方的圆周》，[法] 波德里亚著，林志明译：《物体系》，上海：上海人民出版社 2001 年版，第 2 页。

第一章

波德里亚理论的引介

有学者认为，文化，包括理论思想的传播，总是与整个社会的发展运行相匹配、相协调、相交织的，并为文化发展的自身规律所决定。但它又必须通过个人行为与活动来实现与体现，最终成为整个社会文化的本质构成与必然过程。[①]

审视波德里亚理论的引介与传播的历程，似乎印证了上述观点。文化传播不同于日常传播，它有自身的规律。按照沙莲香的界划，文化传播的路径主要有威斯勒的美国学派的自然传播形式和有意识、计划地拓殖与延传两种。[②] 这种区分也可以看作官方的与民间的区别。

那么，波德里亚理论的中国之路应该如何界划呢？如果就波德里亚理论的引介、传播过程本身来看，无论是1985年波德里亚理论随着杰姆逊不期而然而又几乎被“忽略”地“误入”中国，还是15年后在中国骤然蹿红，都显得那么偶然：前者的“偶然”存在于乐黛云、唐小兵与杰姆逊之间。这个“偶然结出的果实”超出了他们的预料，以至于曾经对它茫然不觉，当然同样茫然不觉的还有波德里亚。后者的“偶然”存在于张一兵与德里达之间，是在《回到马克思》与《马克思的幽灵——债务国家、哀悼活动和新国际》的对决中，波德里亚理论无意间成为思考“马克思主义的当代意义”的一个结果。

如此看来，波德里亚理论在中国的传播大致可归类到威斯勒的自然传播。然而，又不尽然。首先，无论是乐黛云、唐小兵还是张一兵，都处于学术体制之内，他们的行动显然是有组织的；其次，对于杰姆逊来华和张一兵写作《回到马克思》，不论是邀请者乐黛云还是作者张一兵都是意图清晰的，有意识、有计划的思想传播。由此看来，波德里亚理论在中国的传播只能是有组织行为，并且是可控制传播。如果还有什么偶然因素的话，那也是在组织的体制之内。然而，无法否认理论传播的个人化倾向对于传播过程中理论的“拓殖”与“延传”的重要性，而这也是理论批判获得穿透力的保障。事实上，正是凭着这种个人化批判的力量，波德里亚的理论在中国的传播才获得了一种“组织与计划”外的灵活性。

---

① 参见郝雨：《中国现代文化的发生与传播——关于五四新文化运动的传播学研究》（第二版），上海：上海大学出版社2004年版，第3页。

② 参见沙莲香：《传播学》，北京：中国人民大学出版社1990年版，第二章。

那么，波德里亚理论在中国是如何通过个人行为和活动实现与整个社会发展的协调一致，并成为整个社会文化的有机构成和必然过程的呢？

就鸦片战争以来西方的文学与美学思想理论在中国传播的轨迹，蒋述卓提出过一个四分期的观点：鸦片战争到“五四运动”的开创时期；从“五四运动”到新中国成立的新民主主义时期；1949 年到“文革”结束的“以苏联思想理论模式为主”的时期；改革开放以来的新时期。

而改革开放以来的新时期又被划定为三次“内部转换”。1979—1989 年，以文艺的主体性为旗号，引介的如萨特的存在主义文艺思想、韦勒克的新批评等西方现代主义美学、文学思想。1989 年以后，以法兰克福学派、新左派、英国伯明翰当代文化研究中心为主的文化批判，呈现出的是对西方后现代主义文学理论的介绍等，并产生了 90 年代的文化研究或者审美文化研究热潮。2000 年以来，随着全球化概念的广泛传播，西方文论的中国化和中国文论的现代转换成为 21 世纪伊始中国文论走向的新风标。[①]

本书旨在探讨波德里亚理论在中国传播的脉络与轨迹。在进行严格的论证之前，我们不妨先对波德里亚理论在中国的传播过程作一个简要的描画，当然这其中的每一项都应该来自于波德里亚理论在中国传播的史实，而不是先在的设想。

借用蒋述卓的说法，在下面的论述里我们可以看到，法国思想家波德里亚的理论在中国的引介与传播大致穿越了三次“内部转换”。

第一节　波德里亚理论进入中国之前

波德里亚理论进入中国学者视线的序曲应该上溯到西方马克思主义在中国的传播。西方马克思主义进入中国的时间是 20 世纪 70 年代后期。尽管在西方世界，西方马克思主义已经出现了近半个世纪，但中国学界却是在 70 年代后期才开始了解西方马克思主义的。当时的中央党史研究室听到从欧洲访问回来的同志提到西方世界有一个“西方马克思主义”思潮后非

① 参见饶芃子等：《中西比较文艺学》，北京：中国社会科学出版社 1999 年版。

常惊讶，便询问中国社会科学院哲学所，但哲学所也不了解情况。于是，中央决定委托哲学所搞清楚所谓“西方马克思主义”的具体情况。

当时接受这项任务的是徐崇温。1980 年，经过两年多的努力，一份关于“西方马克思主义”的基本内容、主要思想以及一些重大理论问题的观点的报告提交上来的同一时间，中国掀起了改革开放的浪潮，了解西方、向西方学习成为时代的潮流。于是，在哲学界，出现了了解“西方马克思主义”的热潮。当时，“无论是哲学系的，还是政治课的，无论是专门研究现代外国哲学的，还是研究辩证唯物主义和历史唯物主义、马克思哲学史、国际共产主义运动和科学社会主义的，都希望能够参加和研究‘西方马克思主义’思潮”[①]。

徐崇温在全国几十个高等院校、哲学会、专题讲座、讲习班、进修班、讨论会等讲授“西方马克思主义”。与此同时，中国社会科学院哲学所和现代外国哲学研究会制定了出版“西方马克思主义”学术专著的研究计划，作为这项研究计划的承担者，徐崇温两年来的这一系列讲课积累就构成了“西方马克思主义”学术专著的主要内容。专著于 1981 年完稿、1982 年 5 月出版，洋洋 47 万言，是国内第一本介绍西方马克思主义的理论著作。

这本书在与卢卡奇、葛兰西、萨特、梅洛—庞蒂、阿尔都塞以及法兰克福学派相并列的学者中提到了列菲弗尔（列斐伏尔）——这位指导波德里亚完成博士论文的先辈，也是波德里亚理论的渊源之一。徐崇温在此主要介绍了列菲弗尔的《现代世界中的日常生活》的内容。[②]

需要注意的是，徐崇温认为列菲弗尔的西方马克思主义与经典马克思主义的主要区别是，与马克思把对资本主义的“异化”批判置于资本主义的社会生产之上不同，他把对资本主义“异化”本质的批判转移到“日常生活”领域。这样，经典马克思主义构筑的经济基础与上层建筑互动的立体社会结构就被拆解，形成一个日常生活的平面化的社会结构。这一转换的直接结果就是马克思主义的“异化”理论脱离了社会的“生产逻辑”，

① 徐崇温：《“西方马克思主义”》，天津：天津人民出版社 1982 年版，前言。

② 列菲弗尔的著作早在 1966 年就被翻译到中国，由生活·读书·新知三联书店出版，共有两个本子：一本是公开发行的，名为《马克思主义的危机》；另一本由内部发行，名为《马克思主义的当前问题》。

对社会发展起基础性作用的经济基础也被抽离了，社会的经济力量不再发挥作用，与此同时，作为一种经济力量的代表——“阶级”以及为着不同的利益产生的“阶级斗争”，其在社会生活中的价值和意义就被消解了。这是列菲弗尔的“西马”学说的一个现实的必然的结论。[①] 后来正是这一理论启发了波德里亚把分析批判的焦点转向符号生产领域。

徐崇温提到了列菲弗尔修正马克思主义的现实原因，即20世纪科学技术的迅猛发展，大众传播媒介消解了群众的革命激情，新商品如汽车、电视等带来了“消费主义”的盛行。就现代社会日常生活的特征，他提到了信号（signal）对于符号（sign）及影像（image）对于象征（symbol）日益增长的优越性。最后得出的结论是“随着大众传播工具的扩散，文字正被影像所替代，这些具象性的力量和大众性等的影像，处在信号的形式之中，所以它们抚慰了消费者，并在深刻的异化的社会关系中，用神秘的情报去轰击坐在汽车里和电视机前的消费者”[②]。列菲弗尔“日常生活批判”的理论目标之一是使用“消费社会”和语言的有组织统治来说明无产阶级的“消逝”。上述观点后来成为波德里亚理论发展的线索。由于列菲弗尔与波德里亚理论的这种渊源性，在此，通过列菲弗尔提出的观点和理论可以预见到波德里亚的理论。

如此，列菲弗尔在中国的早期引介可以看作波德里亚理论进入中国的序曲，从它后来的发展可以看到，在中国哲学界，波德里亚始终被看作与列菲弗尔等西方马克思主义理论家相关的一员。[③] 而在西方，特别是美国，波德里亚却是以后现代主义的导师的身份进入的，其西方马克思主义的身份背景反倒不为重视。

在徐崇温引介西方马克思主义理论的同时，1981年，英国学者安德森

---

① 列菲弗尔设想的社会主义革命是一种基于现代日常生活的、工人自治的社会主义模式。参阅徐崇温：《“西方马克思主义”》，天津：天津人民出版社1982年版，第376～413页。

② 参阅徐崇温：《“西方马克思主义”》，天津：天津人民出版社1982年版，第406～407页。

③ 如2002年出版的，由俞吾金等著的《现代性现象学：与西方马克思主义的对话》中的第八章就专门介绍了波德里亚。参阅俞吾金等：《现代性现象学：与西方马克思主义的对话》，上海：上海社会科学院出版社2002年版。

对真实世界的遮蔽与替代。“如果你被各种类象包围，就像置身于一间装满玻璃的房子时，现实也就不存在了。如果一切都是类象，那么原本也只不过是类象之一……这样，幻觉与现实便混淆起来了……一切都成为形象，都成为文本，没有指涉物，也没有外在的客观世界。”[①] 其结果，不仅仅是艺术作品的非真实化、客观世界的非真实化，而且包括形象和可复制的形象对于社会和世界的非真实化。于是，在形象和类象的作用下，人们所面对的这个世界，没有了现实感，没有了真实感，也没有了历史感。至此，人们全面陷入表征危机。

在从伪真实向非真实的过渡中，杰姆逊提出了一个与“摹本”（Copy）相对的概念“类象”，杰姆逊这样提到，“类象”这个概念是“法国人博德里涯（Baudrillard）首先使用，其定义之一是：类象是那些没有原本的东西的摹本”[②]。

在《后现代主义与文化理论》中，杰姆逊提到波德里亚的另一个地方是在此书附录“意识形态诸理论”中论述法兰克福学派时，提到了“消费社会”和“后工业化社会”，并指出了波德里亚的理论贡献。他把波德里亚和丹尼尔·贝尔同称作最突出的坚持“消费社会”的理论家。[③]

从目前掌握的资料看，这是波德里亚出现在中文文献上的最早的记录。下面这一事实也可以印证这个判断：在《后现代主义与文化理论》1986 年的早期版本中，唐小兵在正文里提到“类象”一词时只是说“是法国人最首先使用的”[④]，并在附录的“意识形态诸理论”中，给出了一个译名：包德里耶[⑤]。直到 1997 年重新校对时才给出了一个正式的译名“博德里涯”。而对于《景象社会》的作者德波，唐小兵在 1985 年的版本里就

---

① ［美］杰姆逊著，唐小兵译：《后现代主义与文化理论》，北京：北京大学出版社 1997 年版，第 219 页。

② ［美］杰姆逊著，唐小兵译：《后现代主义与文化理论》，北京：北京大学出版社 1997 年版，第 218 页。

③ ［美］杰姆逊著，唐小兵译：《后现代主义与文化理论》，北京：北京大学出版社 1997 年版，第 279 页。

④ ［美］杰姆逊著，唐小兵译：《后现代主义与文化理论》，西安：陕西师范大学出版社 1986 年版，第 199 页。

⑤ ［美］杰姆逊著，唐小兵译：《后现代主义与文化理论》，西安：陕西师范大学出版社 1986 年版，第 253 页。

给出了较准确的译名。

显然，在1985年，波德里亚，对于唐小兵来说还是一个完全陌生的法国人。而80年代研究西方马克思主义的重要人物——徐崇温，尽管对于列菲弗尔给出过颇为全面的介绍，但对于这位“西马元勋”如此著名的弟子，却始终只字未提。

查遍20世纪80年代国内公开发表和出版的主要的哲学、社会学、文学理论以及美学文章和书籍，于唐小兵翻译的《后现代主义与文化理论》之外，提到波德里亚的文献就是北京大学比较文学教研室编的《比较文学讲演集》(陕西师范大学出版社，1988)，其中收入的由刘象愚翻译的杰姆逊讲演稿之《法国批评传统》一文中提到了“波德里亚尔”。杰姆逊指出结构主义在西方崩溃之后产生了两个“后”产品：一个是把结构主义的世界观扩展到政治的和伦理的领域，产生了政治化的后结构主义；另一个是科学性的符号学，一种脱离了结构主义世界观的新实践和新方法。前者的代表是德里达和德勒兹；后者的代表则是福柯与波德里亚。

由于唐小兵在《后现代主义与文化理论》的早期译本中的疏忽，波德里亚的名字没有出现在正文中，而那个出现在附录里的颇为怪异的译名“包德里耶”也少为人知。因此，对于本书介绍的这位法国理论家，进入中国的最早记录可以就此推定为唐小兵整理翻译的《后现代主义与文化理论》一书，而其在中国的第一个正式的译名应该算是出现在《比较文学讲演集》里的“波德里亚尔”，而这个译名是其中的《法国批评传统》一文的译者刘象愚拟定的。

把《后现代主义与文化理论》看作波德里亚进入中国的最早记录的另一个原因是唐小兵的《后现代主义与文化理论》在海峡两岸广为传播，成为近二十年来国内介绍西方思想理论影响最大的单本书籍。

进入90年代，波德里亚的一些文章、著作片段以及完整的著作被陆续翻译成中文，波德里亚的学术思想也开始被正式引介到国内。在90年代中后期波德里亚学术思想的传播过程中，影响较大的文献有以下几种：

王岳川在其1994年发表的《传媒与沟通：对后现代文化交流的透视》[①] 一文中提到波德里亚对当代飞速进步的大众传媒科技带来的“表征

---

① 该文载于《现代传播》1994年第1期。

危机”表示忧虑。随后，在1997年出版的《二十世纪西方哲性诗学》中，王岳川把波德里亚列为最后一章作了专门的介绍。在王岳川于2001年出版的另一本书《中国镜像：90年代文化研究》里，第九章第二节“超真实的符号生产和媒体谎言”简要评析了波德里亚的媒介理论。值得注意的是，王岳川看到了波德里亚关于当代大众传媒对社会正反两方面的意义与价值的观点，以及偏于当代媒介技术进步所产生的负面作用的观点。[①] 王岳川的理论取向是媒介技术的进步与当代社会之间的关系，着力点在社会文化层面，这一点与把波德里亚的媒介理论仅仅限制在当代大众传媒的理性分析相比，[②] 显然更符合波德里亚理论的实际。

赵一凡1996年元旦在中央美术学院作了关于欧美新学的演讲，其中提到了波德里亚，赵一凡的这次将波德里亚译名定为“鲍德里雅”的讲演，被他题名为“鲍德里雅与表征危机”收入同年9月中央编译出版社出版的《欧美新学赏析》一书中。也是这一年，盛宁在《读书》上连续发表了题为“鲍德里亚·后现代·社会解剖学”[③] 和题为“危险的让·鲍德里亚”[④] 两篇文章。1997年，盛宁出版了专著《人文困惑与反思》，在“众说纷纭的后现代人物”一章中，专门列出了波德里亚一节，介绍波德里亚其人及其学术思想。其主要内容还是他先前在《读书》上发表的两篇文章的

---

① “在我看来，鲍德里亚已经洞悉后现代传媒在社会心理和个体心性的健全反面所造成的威胁，并进而对传媒在‘文化工业’生产中销蚀意义的功能加以清算，是颇具独到眼光的。”引自王岳川：《中国镜像：90年代文化研究》，北京：中央编译出版社2001年版，第341页；王岳川：《二十世纪西方哲性诗学》，北京：北京大学出版社1999年版，第425～426页。参阅王岳川：《中国后现代话语》，广州：中山大学出版社2005年版，第9页。

② 波德里亚的媒介理论“夸大了当代传媒技术对社会和人们日常文化生活的影响”，参阅刘燕：《鲍德里亚的后现代传媒理论与媒介现实的构建》，《国际新闻界》2005年第3期。也有学者把他称作“传媒恐惧主义者”，参阅季桂保：《让·鲍德里亚的大众传媒理论述评》，《学术月刊》1999年第6期。

③ 见《读书》1996年第8期。

④ 见《读书》1996年第10期。显然是对盛宁的回应，有人认为：“毕竟历史终结还没有到来，我们还可以控制自己的未来。鲍德里亚的悲观还可以刺痛我们，*Matrix*这样的电影还能激起我们的反思，还没有到在恐怖之中任宿命来临的时候，我们还可以用自己的‘相信’让看似坚硬的现实慢慢弯曲。我所相信的正是福柯在重新思考启蒙问题之后所总结的那句话：‘知识可以改变我们。’”参阅徐晨亮：《谁害怕让·鲍德里亚》，发布于“BBS水木清华站”。

延伸。

此外还需要提到的是林志明。这位台湾学者于1996年完成了波德里亚的学术奠基之作《物体系》的中译本。在这本中译本的开始和结尾，林志明提供了两篇文章：《译序：描绘一个不存在于任何地方的圆周》和《译后记：一个阅读》，许多学者对波德里亚的了解，特别是有关波德里亚的生平、经历的情况都来自它们。而1999年，季桂保的《博德里拉的“消费社会”批判理论述评》① 则是介绍波德里亚“消费社会”理论较早的成果。

总的说来，90年代的十年，与国外波德里亚理论研究大红大紫、如日中天不同，波德里亚理论和思想在中国的传播与本土研究还处于初期，波德里亚的主要著作除了林志明翻译的《物体系》之外，就只有陈永国翻译的《物品系统》，载在《通俗文学评论》（1998年第2期）上。但由于杂志有限的影响力，人们接触到的大多还是林志明的译著，这一点从学人们的论文引注上就可以看出来。这一时期，对波德里亚感兴趣也主要是由于杰姆逊的《后现代主义与文化理论》一书在中国的传播。波德里亚的理论与思想还是限于文学理论、美学及外国文论的研究者的圈子里。对于这位法国“后结构主义五人帮”之一的理论家，中国哲学界、社会学界和传播学界还都没有给予足够的重视。关于波德里亚思想与理论，专门的研究文章与书籍都没有出现。在中国的学界，波德里亚还只是一个引介的对象。

第三节　波德里亚理论在中国的延展

“从2000年起，随着国外的真人秀节目开始逐渐为中国观众所了解，国内理论界首次关注到电视媒体中拟态生存与真实陷阱的问题。之后，针对网络媒体与新媒体的探讨，如在线身份、虚拟货币、网络社区深入地进入了拟像研究的领域。而新闻虚拟演播室、音乐电视、数字电影和网络游戏中的电子影像的大量涌现及电视卫星播出网的成熟，WTO的经济共同力

① 该文载于《国外社会科学》1999年第2期。

量覆盖下的媒体全球化”[①] 等文化现象无不揭示着这样一个事实，即中国社会，尤其是主要大城市正快速地进入波德里亚所拟定的“消费社会”，而波德里亚的“类象社会”概念在中国学界获得了超速度的传播。

与此同时，基于认识与理解波德里亚理论的研究也开始兴盛起来。对于这一点要从两个方面说明：一方面，波德里亚的理论在哲学界被划入国外马克思主义理论的范围内，作为西方后马克思主义思潮的主要代表引起了研究者的兴趣，对其进行深入研究的文章与专著逐渐推出，并呈蔓延之势。另一方面，波德里亚理论的一些主要概念，如“类象”、“超真实”、“内爆”、“消费社会”等广为传播，大量进入到文化批判和传媒批评领域，被用来解释当下中国社会发生的种种奇异的文化景象。文学评论、大众传媒、影视、广告、摄影、美术、建筑设计、工业设计、艺术设计以及互联网等领域也不时闪现着波德里亚的身影。可以说，这一时期，波德里亚理论在中国的传播进入了本土化阶段。

在这个阶段，对波德里亚理论的传播及其文化研究的意义给予引导和解释的仍然是以文学界和文化研究界的学者为主。王岳川仍然是必须提到的，因为他的几篇文章涉及这个时期有关波德里亚研究的主要问题，如《消费社会中的精神生态困境——博德里亚后现代消费社会理论研究》[②]、《消费社会的身体策略——评鲍德里亚的〈消费社会〉》、《全球化语境下的中国写作话语》等；其关注的焦点在于把波德里亚的消费社会理论和媒介批评理论作为一个视角，审视大众传媒推动下的当代中国社会不断“消费化”的趋势。

在这一时期，波德里亚的媒介批评理论进入周宪的论域主要体现在其对当代中国文学的话语中心由语言文字转向视觉影像的研究。在他主要的讨论视觉文化的文章，如《消费主义与媒介文化的视觉转向》、《视觉文化的来临》、《视觉文化语境中的电影》、《反抗人为的视觉暴力——关于一个视觉文化悖论的思考》、《视觉文化的三个问题》、《视觉文化的转向》、

① 吴炜华：《拟像中国的未完成叙事——路径文化研究的转折点》，《华东理工大学学报》2004 年第 2 期。

② 该文载于《北京大学学报》（哲学社会科学版）2002 年第 4 期。

《视觉文化：从传统到现代》[①]、《图像技术与美学观念》[②] 等中都可以窥视到波德里亚的身影。周宪的《审美现代性批判》[③] 则把波德里亚的媒介批评理论纳入到从现代性到后现代理论的转换历程之中。

蒋原伦《媒体文化与消费时代》一书（中央编译出版社，2004）的第五章“媒体文化引导消费”的第一节“鲍德里亚论消费社会”，也对波德里亚的消费社会理论予以了简要的介绍。

由金惠敏主持的《新思潮文档》项目成果之一是金元浦的《文化研究：理论与实践》（河南大学出版社，2004），其中由金元浦所撰写的导言概述了中国近年来文化研究的起源与走向。其中提到了波德里亚的文化仿真理论，并把它作为广义文化研究的一个理论资源，即后结构主义的组成部分。与之相应，该书的第一篇文章就是陈晓明的《文化研究：后—后结构主义时代的来临》[④]，该文在大众文化或传媒研究范围内，在法兰克福学派、英国伯明翰学派、美国马克思主义的研究者菲斯克和媒介理论者麦克卢汉之后提到了波德里亚，肯定了波德里亚的后现代理论对当代大众文化研究的巨大影响。

金惠敏的《从形象到拟像》[⑤] 一文是对波德里亚媒介批评理论的核心概念“拟像”的较深入分析的成果。

王一川在《大众文化导论》（高等教育出版社，2004）的第七章“图像文化，论及图像文化研究的模式”中，继本雅明、阿多诺、贝尔之后提到了波德里亚的“类象理论”。

对西方现代主义和后现代理论的引介，王宁是必须提到的。作为“王宁文化学批评文选之二”的《二十世纪西方文学比较研究》（人民文学出版社，2000），是王宁对自己十多年来的学术研究的回顾与总结。他在收入其上编“批评论”中的《全球化语境下的后现代和后殖民研究》[⑥] 里的

---

① 该文载于《文学评论》2003 年第 6 期。

② 该文载于《文史哲》2004 年第 5 期。

③ 该书由北京商务印书馆 2005 年出版。

④ 见陶东风等主编：《文化研究》（第一辑），天津：天津社会科学院出版社 2000 年版。

⑤ 该文载于《文学评论》2005 年第 2 期。

⑥ 该文原载于《文艺研究》1989 年第 4 期。

论文之一《后现代性与中国当代消费文化态势》中提到波德里亚的“拟像”理论，用以解释后现代消费社会意义的生成与消解的任意性。不过，如许钧所言，对于法国的后现代理论，王宁并未给予足够的重视。

周小仪的《唯美主义与消费文化》（北京大学出版社，2002）把波德里亚作为分析和批判唯美主义时援引的一位重要的理论家，主要是“鲍德里亚对审美价值在当代社会中的作用的出色分析为我们理解唯美主义与消费文化的关系提供了理论的依据”[①]。例如，就当代日常生活的充分审美化问题，依据波德里亚的“内爆”理论解释为什么传统艺术与非艺术的界限不再清晰以及为什么艺术作为比现实生活更高的价值体系，已经丧失了它的意义，以至于“当今艺术的价值已经像癌细胞一样扩散开来，蔓延开去，渗透到社会与个人生活的各个方面”[②]。

蒋道超的《概念与术语：消费社会》是在波德里亚论域中解释“消费社会”的又一次尝试。

程小牧的《鲍德里亚的理论新地带》是站在文艺学的视域下对波德里亚的评述。

朱其的《鲍德里亚理论对于消费文化研究的意义》[③] 是关注当代中国社会消费文化的一篇颇具影响力的文章。

范萍的《鲍德里亚“消费社会文化理论”简析》[④] 对波德里亚的《消费社会》一书进行了颇为全面的评述。

吴兴明的《反思波德里亚：我们如何理解消费社会》[⑤] 被认为是对波德里亚“消费社会”理论有分量的研究文章。在此文之前，他的《直面波德里亚——对一种消费社会理论的批判性解读》[⑥] 也认为，作为解释消费社会的理论之一，波德里亚的消费社会理论是国内学界理解当下消费社会的理论来源之一。

---

① 周小仪：《唯美主义与消费文化》，北京：北京大学出版社 2002 年版，第 16 页。

② 周小仪：《唯美主义与消费文化》，北京：北京大学出版社 2002 年版，第 231 页。

③ 该文载于《美术观察》2003 年第 12 期。

④ 该文发布于“文化研究网”。

⑤ 该文载于《四川大学学报》2006 年第 1 期。

⑥ 该文载于《内江师范学院学报》2005 年第 5 期。

杨斌的《消费文化与中国20世纪90年代美术》[①] 于揭示消费文化与90年代的种种联系中，显示了波德里亚的消费社会理论的影响。

肖建华、肖明华的《试论消费社会的文学走向——为宁逸先生一辩》[②]认为波德里亚之于消费社会的忧虑和批判并不能被认为否定了“消费社会”本身。

王成兵的《略论消费文化语境中的认同危机问题》[③] 同样是对当代逐渐盛行的消费主义持一种意识形态批判的态度，指出由于消费主义的盛行是文化全球化的一个结果，而认为当代消费文化产生个人身份的“认同危机”既有合法性的一面，也有后殖民文化全球化的一面；前者归因于工业革命、科技进步带来的经济全球化，后者归因于西方资本主义意识形态在文化全球化过程中的后殖民策略。由于波德里亚认为，这种后殖民策略之一便是以消费文化的形式进行的文化殖民，即认为当代西方消费文化本身暗含着一种资本主义的价值观，是奠基于资本主义意识形态之上的。因此，波德里亚的消费社会理论实际上给我们揭示了西方消费文化的意识形态本质，有利于我们对当代文化全球化作出正确的思考。

2000年以后，中国国内对波德里亚理论研究的重头戏在哲学界。哲学界对波德里亚理论的热情起因于对当代国外马克思主义研究的界划。作为后马克思主义思潮的重要代表，波德里亚受到哲学界前所未有的重视。对波德里亚元理论的哲学解读，仰海峰的《走向后马克思：从生产之镜到符号之镜》以及一系列的波德里亚专题研究论文非常值得重视。包括：《消费社会批评理论评析》、《功能化时代的物的意义形态批判》、《马克思哲学与古典政治经济学：一种后现代的挑战》[④]、《拜物教批判：马克思与鲍德里亚》[⑤]、《马克思的劳动概念：鲍德里亚的批评及其误读》[⑥]、《鲍德里亚符号政治经济学批判的一般理论建构》[⑦]、《后生产时代、符号的造反与激

① 该文载于《美术观察》2005年第4期。
② 该文载于《青年思想家》2004年第2期。
③ 该文载于《学术论坛》2004年第2期。
④ 该文载于《理论探讨》2003年第5期。
⑤ 该文载于《学术研究》2003年第5期。
⑥ 该文载于《南京社会科学》2003年第4期。
⑦ 该文载于《江苏行政学院学报》2003年第4期。

进批判理论》[①]、《现代艺术与符号拜物教——鲍德里亚〈符号政治经济学批判〉解读》[②]、《生产理论与马克思哲学范式的新探索》[③]、《"物"的分析：从马克思、海德格尔到鲍德里亚》[④]、《鲍德里亚与现代自然观的颠覆》[⑤]。此外，仰海峰的《中译本序言》[⑥] 等代表了他对波德里亚的最新看法。

这一时期，另一位对波德里亚元理论的研究颇有贡献的是中国社会科学院哲学所的孔明安。与仰海峰致力于波德里亚前期理论的研究略有不同，孔明安主要致力于波德里亚后期思想理论的研究，如《技术、虚像与形而上学的命运——鲍德里亚对形而上学问题的哲学反思》[⑦]、《从物的消费到符号消费》[⑧]、《完美何以有罪？——鲍德里亚对现代技术与形而上学问题的研究》[⑨]、《鲍德里亚后期的技术哲学思想》[⑩]、《从媒体的象征交换到"游戏"的大众——鲍德里亚的大众媒体批判理论研究》[⑪]、《技术、主体与形而上学的玄学遐想》[⑫] 等。

冯俊等著的《后现代主义哲学讲演录》（商务印书馆，2003）的第三编收入了五位法国后结构主义者，也是美国后现代主义者的师父德里达、德勒兹、福柯、利奥塔及波德里亚五人的著作。其中，法国人高宣扬撰写的第十二章"让·鲍德里亚论'拟像'和消费社会"从"摹仿"联系古代社会，到"拟像"联系消费社会解释波德里亚的社会理想，把"拟像"作为理解

---

① 该文载于《南京大学学报》2004 年第 2 期。

② 该文载于《广东社会科学》2004 年第 1 期。

③ 该文载于《中国社会科学》2004 年第 4 期。

④ 该文载于《东岳论丛》2004 年第 2 期。

⑤ 该文载于《理论学刊》2004 年第 2 期。

⑥ 见［法］波德里亚著，仰海峰译：《生产之镜》，北京：中央编译出版社 2005 年版。

⑦ 该文载于《哲学动态》2002 年第 10 期。

⑧ 该文载于《哲学研究》2002 年第 11 期。

⑨ 该文载于《厦门大学学报》2003 年第 2 期。

⑩ 该文载于《自然辩证法研究》2003 年第 5 期。

⑪ 该文载于《南京大学学报》2004 年第 2 期。

⑫ 该文载于《现代哲学》2004 年第 4 期，并曾提交至"法国哲学的现在与未来全国学术讨论会"（杭州，2004 年 4 月）作会议论文，被收入杨大春、尚杰编的《当代法国哲学诸论题——法国哲学研究》（人民出版社，2005）中。

波德里亚全部社会理论的核心。其中，“当代拟像文化的特征”一节，在社会文化的大背景下解释波德里亚媒介批评理论的核心概念：“拟像”。该书值得一提的还有，对波德里亚的研究，主要基于法文版的原著。其解释更接近波德里亚的原意，例如对“拟像”的辨析，澄清了许多早先的误读。

同样基于法语文化研究波德里亚的还有高宣扬的《当代法国思想五十年》。此书在从20世纪中叶到21世纪初期五十年内的法国思想发展进程的背景下，考察与评价波德里亚的理论思想，显示出宏大的气魄和宏观的视角。

俞吾金等的《现代性现象学：与西方马克思主义者的对话》（上海社会科学院出版社，2002）的第八章“鲍德里亚：后现代主义的牧师”，把波德里亚置于国外马克思主义研究的背景下介绍与评价波德里亚的学术思想。

周宪的《审美现代性批判》是国内研究西方当代美学理论的最新成果。其对于西方现代主义及后现代主义采取了“地方性”策略，而放弃对现代性的“总体性”解释。把现代性或后现代理论设定为一个包含了多种因素和成分的总体性概念，在进入理论本身的思想与感觉方式的差异，即在理论家族不同谱系之间的差异中（所谓现代性冲突）寻求对现代性的规范性解释。其中的第十二章“审美话语及其表意实践”在社会理论与审美之间，把波德里亚符号学的社会理论看作“一种话语形态的历史形态学”，作为审美现代性的一个方面，寻求其对于当代审美形态建构的积极意义。①

汪民安的《后现代性的哲学话语》② 指出：古典主义的艺术再现理论在波德里亚这里不再是简单地被摒弃，而是彻底地逆转了，符号、模型、幻象，这些曾经被认为是二度呈现物的东西，现在不可思议地成为决定性的东西。③ 现实中，那个被视作具体实在的生活本身，正是符号和模型的操纵结果：真实生活令人惊异地尾随着类象前行，大规模的类象符号在影响、决定、支配这个世界。

---

① 周宪：《审美现代性批判》，北京：商务印书馆2005年版，第344~385页。

② 该文载于《外国文学》2001年第1期。

③ “鲍德里亚的逻辑几乎就是历史唯物主义逻辑的整体颠倒。”参见张一兵：《反鲍德里亚》，北京：商务印书馆2009年版，序28。

马海良对于波德里亚理论的传播也多有奉献，他的《鲍德里亚：理论的暴力，仿真的游戏》① 是较早的一篇介绍波德里亚理论思想的文章。

而高亚春借由波德里亚理论的 DNA 双螺旋结构来组织对波德里亚理论的研究，亦是研究波德里亚理论的一个视角，如《波德里亚对消费社会的研究及其理论意义》②、《对现代性质疑的基本立场》等。③

此外，传媒理论界对波德里亚的关注也与日俱增。主要的专著有潘知常的《传媒批判理论》（新华出版社，2002）；石义彬的《单向度、超真实、内爆——批判视野中的当代西方传播思想研究》（武汉大学出版社，2003）。而有影响的文章则有季桂保的《让·鲍德里亚的大众传媒理论述评》④、《让·鲍德里亚的后现代文化观》⑤，李彬的《传播符号：从方法论到本体论》⑥，吴炜华的《拟像中国的未完成叙事——路径文化研究的转折点》⑦，戴阿宝的《鲍德里亚媒介理论的若干问题》⑧、《鲍德里亚：超真实的后现代视界》⑨，孙海峰的《虚拟现实——数字仿真的实在性问题》⑩ 等。

在波德里亚离世之后研究波德里亚理论的重要成果有中国社会科学院的孔明安于 2008 年出版、又于 2010 年由安徽师范大学出版社出了修订版的《物·象征·仿真》。孔明安为这本以博士论文为基础的研究著作加了一个副标题，即“鲍德里亚哲学思想研究”，显然，作者非常了解波德里

---

① 该文载于《外国文学》2000 年第 2 期。

② 该文载于《同济大学学报》2004 年第 4 期。

③ 该文载于《自然辩证法研究》2005 年第 2 期。

④ 该文载于《学术月刊》1999 年第 6 期。

⑤ 该文载于《电影艺术》2000 年第 4 期。

⑥ 该文载于《中国传媒报告》（香港）2003 年第 1 期。

⑦ 该文载于《华东理工大学学报》2004 年第 2 期，后收入《人大复印报刊资料》（文化研究）2004 年第 10 期。

⑧ 该文发表于《外国文学评论》2004 年第 2 期。

⑨ 该文发表于《外国文学》2004 年第 3 期。

⑩ 该文载于深圳大学传媒与文化发展中心的“传媒文化研究网”。

亚理论涉及的各个方面,[1] 并把自己对波德里亚研究的方向确立为哲学。

而张一兵的2009年由商务印书馆出版的《反鲍德里亚》同样是站在哲学的角度研究波德里亚的力作。这本带有对国内波德里亚研究总结性质的著作对波德里亚理论给予了彻底否定，当然这是站在哲学立场上，特别是经典马克思主义唯物史观的立场上。但可以肯定的是，波德里亚理论对当代社会生活诸方面的影响力，以及因此所具有的理论价值决然不会因为其否定社会物质生产的始基意义而被排除在马克思历史唯物主义之外等受到冷落或被忽视，因为波德里亚理论还在持续传播并被深入研究。这些都是可以肯定的，也是可以看到的。

第四节　波德里亚理论在中国的翻译

最早将波德里亚的著作译成中文的是台湾学者林志明。从1990年到1996年，林志明在法国待了六年。留法六年的一个成果便是推出《物体系》的中译本。林志明的《物体系》于2001年由上海人民出版社推出简体字的版本。这是目前比较流行的一本书。需要指出的是，大陆学者陈永国在1998年即已将《物体系》译出，并以“物品系统”为名发表在《通俗文学评论》（1998年第2期）上。波德里亚的第二本中译本著作是1999年王为民翻译的《完美的罪行》（商务印书馆，2000）也是“现代性研究译丛”之一。

波德里亚的第三本中译本著作，也是目前在中国学界影响最大的一部著作《消费社会》于2000年由刘成富、全志钢译出，并作为“当代学术棱镜译丛”之一由南京大学出版社出版。

波德里亚的较近的一本中译本著作是仰海峰翻译的《生产之镜》，由中央编译出版社作为“社会批判译丛”之一于2005年初出版。之后，戴

---

① “2000年至今的8年中，国内有关鲍德里亚的研究资料……仅研究专著已经出版了4、5本之多，内容涵盖鲍德里亚早期思想研究、后现代主义思想研究等方面，所幸的是，迄今为止尚未有鲍德里亚哲学思想研究的专著问世。”参见孔明安：《物·象征·仿真》，芜湖：安徽师范大学出版社2010年版，第237页。

阿宝译了这本书的英文版前言。[①]

而波德里亚最近的两本重要的中译本著作则是在他离世之后出版的。一本是2009年9月，也是作为“当代学术棱镜译丛”之一，由南京大学出版社出版、夏莹翻译的《符号政治经济学批判》；另一本是于同年10月由译林出版社出版、车槿山翻译的《象征交换与死亡》。此外，南京大学出版社于2008年末至2009年初陆续出版了由张新木等翻译的波德里亚《冷记忆》的中译本，从第一辑到第五辑，记录了波德里亚赴美之后的只言片语，成为今后深入研究波德里亚理论的重要资料。

至此，波德里亚主要的理论著作都有了中译本。

把波德里亚的理论翻译到中国来，除了完整的译本之外，还有许多单独的论文和节选。这些译作多载于译文选集或刊物上，同样产生了巨大的影响。

较早的是马海良译的《象征交换与死亡》[②] 和《仿真与拟像》[③]。在马海良《象征交换与死亡》的译文中，“Simulacra”被译作“仿真”，关于类象的三个序列被称作“仿真的三个序列”，由于这篇译文是《象征交换与死亡》的第一个中译文，影响颇大，也因此带来了一些混乱。仰海峰在最近出版的《生产之镜》的中译本后面，附译了“*Simulacres et Simulation*”的节选部分，译名改为《影像与模拟》。

此外，还有丘德亮译的《波德里亚：虚拟的事件性》[④]、《美国》（第一章节选）[⑤]，程小牧译的《艺术的童年》[⑥]，陈永国译的《鲍德里亚：身体，或符号的巨大坟墓》[⑦]。另外，载于《大众文化研究》[⑧] 的译文有《物

---

① 该文载于《国外理论动态》2005年第7期。

② 该文载于《外国文学》2000年第2期，第54页。需要注意，在马海良的译文中，Simulacra被译作“仿真”。

③ 见汪民安等编：《后现代性哲学话语——从福柯到赛义德》，杭州：浙江人民出版社2000年版，第329~345页。

④ 该文发布于“文化研究网”。

⑤ 该文发布于“中国人民大学中文哲学网站”。

⑥ 该文载于《美术研究》2005年第1期。

⑦ 该文发布于“中国学术论坛/法国思想文化网”。

⑧ 陆扬、王毅编选：《大众文化研究》，上海：上海三联书店2001年版。

体系》中的“收藏的体系”一节；收入《消费文化读本》[①] 的译文有《符号政治经济学批判》中的一段“在使用价值之外”；随《生产之镜》中译本译出的还有《论诱惑》（节选）、《影像与模拟》（节选）、《大众：社会在媒介中内爆》。

作为波德里亚理论传播的一个部分，国外研究、分析、介绍波德里亚的书籍、文章的中文翻译也是应该提及的。除去 20 世纪 80 年代陕西师范大学出版社出版的《后现代主义与文化理论》和《比较文学讲演集》中杰姆逊的文章之外，还有两本中译本是美国研究波德里亚的重要学者的著作，一本是《后现代理论——批判性的质疑》[②]，另一本是《波德里亚：一个批判性读本》[③]。

其余的多是国外研究后现代主义或消费文化以及大众传媒的成果，其中也多涉及波德里亚的理论思想。如《消费文化与后现代主义》[④]；周宪、许钧主持的“文化和传播译丛”中介绍波德里亚的有《信息方式——后结构主义与社会语境》[⑤]、《文化：社会学的视野》[⑥]、《通俗文化理论导论》[⑦]、《认识媒介文化——社会理论与大众传播》[⑧]、《电视受众研究——文化理论与方法》[⑨]。

---

① 罗钢、王中忱主编：《消费文化读本》，北京：中国社会科学出版社 2003 年版。

② ［美］道格拉斯·凯尔纳、斯蒂文·贝斯特著，朱元鸿译：《后现代理论——批判性的质疑》，台北：巨流图书公司 1995 年版；或张志斌译：《后现代理论——批判性的质疑》，北京：中央编译出版社 2001 年版。

③ ［美］道格拉斯·凯尔纳著，陈维振等译：《波德里亚：一个批判性读本》，南京：江苏人民出版社 2005 年版。

④ ［英］迈克·费瑟斯通著，刘精明译：《消费文化与后现代主义》，南京：译林出版社 2000 年版。

⑤ ［美］马克·波斯特尔著，范静哗译：《信息方式——后结构主义与社会语境》，北京：商务印书馆 2000 年版。

⑥ ［美］约翰·R. 霍尔、玛丽乔·尼兹著，周晓、徐彬译：《文化：社会学的视野》，北京：商务印书馆 2002 年版。

⑦ ［英］多米尼克·斯特里纳蒂著，阎嘉译：《通俗文化理论导论》，北京：商务印书馆 2001 年版。

⑧ ［英］尼克·史蒂文森著，王文斌译：《认识媒介文化——社会理论与大众传播》，北京：商务印书馆 2001 年版。

⑨ ［英］约翰·塔洛克著，严忠志译：《电视受众研究——文化理论与方法》，北京：商务印书馆 2004 年版。

而周宪、许钧主持的“现代性研究译丛”中涉及波德里亚的有：《全球时代——超越现代性之外的国家和社会》[①]、《后现代主义文化——当代理论导引》[②]、《后现代的状况——对文化变迁之缘起的探究》[③]、《文化理论与通俗文化导论》[④]。

张一兵主编的“当代学术棱镜译丛”中有以下几种与波德里亚的理论思想之传播有关：《解读大众文化》[⑤]、《第二媒介时代》[⑥]、《认同的空间——全球媒介、电子世界景观和文化边界》[⑦]、《电视与社会》[⑧]、《后现代转向》[⑨]、《文化民粹主义》[⑩]。其他的还有迈克·费瑟斯通的《消费文化与后现代主义》。[⑪]

此外，一些单篇的译作在研究波德里亚理论思想在华传播时也是不可忽略的。这些译作有：《无物之词——马克·波斯特尔如是说》[⑫]、《鲍德里

① ［英］马丁·阿尔布劳著，高湘泽、冯玲译：《全球时代——超越现代性之外的国家和社会》，北京：商务印书馆 2001 年版。

② ［英］史蒂文·康纳著，严忠志译：《后现代主义文化——当代理论导引》，北京：商务印书馆 2002 年版。

③ ［美］戴维·哈维著，阎嘉译：《后现代的状况——对文化变迁之缘起的探究》，北京：商务印书馆 2004 年版。

④ ［美］约翰·斯道雷著，杨竹山、郭发勇、周辉译：《文化理论与通俗文化导论》，南京：南京大学出版社 2001 年版。

⑤ ［美］约翰·菲斯克著，杨全强译：《解读大众文化》，南京：南京大学出版社 2001 年版。

⑥ ［美］马克·波斯特尔著，范静哗译：《第二媒介时代》，南京：南京大学出版社 2000 年版。

⑦ ［英］戴维·莫利、凯文·罗宾斯著，司艳译：《认同的空间——全球媒介、电子世界景观和文化边界》，南京：南京大学出版社 2001 年版。

⑧ ［英］尼古拉斯·阿伯克龙比著，张永喜、鲍贵、陈光明译：《电视与社会》，南京：南京大学出版社 2000 年版。

⑨ ［美］斯蒂文·贝斯特、道格拉斯·凯尔纳著，陈刚译：《后现代转向》，南京：南京大学出版社 2002 年版。

⑩ ［英］吉姆·麦克盖根著，桂万先译：《文化民粹主义》，南京：南京大学出版社 2001 年版。

⑪ ［英］迈克·费瑟斯通著，刘精明译：《消费文化与后现代主义》，南京：译林出版社 2000 年版。

⑫ 该文发布于“文化研究网”。

亚与电视广告——经济的语言》[①]、《网络空间的鲍德里亚：网络、真实与后现代性》[②]、《拜物教之镜：让·鲍德里亚和晚期资本主义文化》[③]、《后现代主义与身份的艺术》[④]、《波德里亚：一个新麦克卢汉》（节选）[⑤]、《让·鲍德里亚思想引论》[⑥]、《让·鲍德里亚的符号价值》[⑦]。

需要说明的是，在中国，对波德里亚理论思想的翻译，与这个时期其他西方理论家的翻译一样，存在一个共性——"随意性"。从翻译的组织来说，既不是"官家"的，也不是"私家"的，翻译什么，由谁来译，往往是学者们自己安排、自己决定的事，自发的选择往往多于有组织的安排。而即使是有组织的，也往往流于形式。以周宪、许钧主持的"现代性研究译丛"为例，该译丛推出的多种译著为国内了解国外学者对于波德里亚的研究是颇有价值的。然而，作为统一推出的"译丛"，就波德里亚的译名而言，可谓"五花八门"：有译成"鲍里拉"的[⑧]、有译成"博德里亚"的[⑨]、有译成"鲍德里亚"的[⑩]、有译成"包德里拉德"的[⑪]。这种译名的混乱，在国内的译丛出版物中，比比皆是，层出不穷。

译者的选择也是很随意的，相当多的译者并非那个领域的专业人士，更不是行家。有些译者对于所翻译的对象，知之甚少，甚至连一些专业常

---

① ［美］马克·波斯特尔著，张燕译：《鲍德里亚与电视广告——经济的语言》，王逢振等编译：《电视与权力》，天津：天津社会科学院出版社 2000 年版。

② 该文发布于"世纪中国网"。

③ 该文发布于"世纪中国网"。

④ 该文来源于"智识学术网"。

⑤ 见《问题》（第二辑），北京：中国人民大学出版社 2003 年版。

⑥ ［美］马克·波斯特尔著，张云鹏译：《鲍德里亚思想引论》，《南阳师范学院学报》2003 年第 8 期。

⑦ ［英］J. 雷契著，齐鹏译：《让·鲍德里亚的符号价值》，《世界哲学》2004 年第 4 期。

⑧ ［英］马丁·阿尔布劳著，高湘泽、冯玲译：《全球时代——超越现代性之外的国家和社会》，北京：商务印书馆 2001 年版，第 122 页。

⑨ ［英］史蒂文·康纳著，严忠志译：《后现代主义文化——当代理论导引》，北京：商务印书馆 2002 年版，第 71 页

⑩ ［美］戴维·哈维著，阎嘉译：《后现代的状况——对文化变迁之缘起的探究》，北京：商务印书馆 2004 年版，第 137 页。

⑪ ［美］约翰·斯道雷著，杨竹山、郭发勇、周辉译：《文化理论与通俗文化导论》，南京：南京大学出版社 2001 年版。

识都不了解；译者在翻译时也往往不太注意相关的翻译，各自为政，自说自话，致使译作水平参差不齐、良莠参半。就波德里亚理论的翻译来说，林志明译的《物体系》和仰海峰译的《生产之镜》比起其他译作来，显然要规范和专业得多。

重复的翻译也是屡见不鲜。比如在林志明译出《物体系》（1996）的同时，陈永国即已在《通俗文学评论》（1998 年第 2 期）上发表了以“物品系统”为题名的译本。而在此之后，2001 年在陆扬、王毅编选的《大众文化研究》上，又载有曾军译自 *Lè Systeme des Objets* 的《收藏的体系》。[①]

就波德里亚理论思想的翻译来说，还存在一个译本的问题。从 1975 年开始，波德里亚的著作陆续被翻译到美国，并出版了完整的英译本的波德里亚著作系列。在国内的波德里亚理论思想的翻译中，有些译作是依据波德里亚著作的法文原版译出的，有些则是从英文版译出，由于法文原版的出版时间与英文原版的出版时间不一致，因此，对于波德里亚著作的出版年代容易产生歧义。例如，作为 20 世纪 80 年代之前唯一被译为英文的波德里亚的著作《生产之镜》，其法文版出版于 1973 年，在 1975 年被美国学者马克·波斯特尔译为英文，由斯坦福大学出版。对此，仰海峰的《生产之镜》中译本前言和盛宁的《人文困惑与反思》[②] 均有说明。但是，或许由于波氏著作英译本传播更为广泛，在许多国内学者的论文里，波德里亚的著作出版时间是按其在美国出版的英译本给出的，如石义彬的《单向

---

① 发生在波德里亚理论传播过程中的重复翻译绝不是孤例。在中西文化的交往史上，重复翻译时有发生。例如凡勃伦的《有闲阶级论》于 1964 年就出版了蔡受百的译本，其中第四章被译为“明显的消费”，而罗刚、王中忱在 2003 年主编的《消费文化读本》中，选录了萧莎译的凡勃伦《有闲阶级论》的第四章，译为“夸示性消费”，是什么原因造成这种重复翻译？是后者不知晓已有译本，还是对前者的翻译不满意，试图重译？需要说明的是，前者把《有闲阶级论》的副标题译作“关于制度的经济研究”，后者则译成“关于体制的经济学研究”，凡勃伦英文版的副标题是“An Economic Study of Institutions”，两者的不同在于对“Institutions”一词的翻译，前者译为“制度”，后者译为“体制”。我们知道凡勃伦是西方制度经济学的早期代表之一，在此，“Institutions”只能被译作“制度”，否则凡勃伦的制度经济学就无从谈起了，而“体制”相对应的词应该是“system”。

② 盛宁：《人文困惑与反思》，北京：生活·读书·新知三联书店 1997 年版，第 263 页。

度、超真实、内爆——批判视野中的当代西方传播思想研究》[①] 一书在介绍波氏的著作出版时间时，多以在美国出版的英译本为准，其中《生产之镜》的出版时间被定为1975年，而1976年写就的《象征交换与死亡》的发表时间被定在1981年，1981年写就的《拟像与仿真》的发表时间更被定在1994年。

此外，依据波德里亚著作的法文原著译出，还是依据他的英译本译出，两者的区别，就译名来说，也是很不一样的。如有的译者把波德里亚译成包德里拉德[②]，显然，这是依据英译本的英文发音译出的，因为在法语里，Baudrillard的最后一个字母是不发音的。

国内学者似乎已经适应了这种翻译上的混乱。以译名为例，作为文艺界研究、介绍西方后现代主义思潮较早且较有收获的学者王岳川，他在20世纪90年代至2000年，曾使用的波德里亚的译名不止一个，有“布希亚德”、“鲍德里亚”、“博德里亚”等。如他在介绍后现代主义的一篇早期的论文《传媒与沟通：对后现代文化交流的透视》（1994）中使用的是“布希亚德”；在《二十世纪哲性诗学》（1997）时也是用“布希亚德”。但到了2002年，在《消费社会中的精神生态困境——博德里亚后现代消费社会理论研究》中，王岳川使用的是“博德里亚”；而在《中国镜像：90年代文化研究》中使用“鲍德里亚”。到了2005年，在《中国后现代话语》中，他又使用了“布希亚德”的译名。这似乎显示，波德里亚的这几个译名已经“通假”了。

对于波德里亚的译名使用更为“随意”的是一篇文章用两个译名。这种情况非常普遍，主要是由于正文中使用的译名与注释的译名不一致。例如，戴阿宝的《鲍德里亚媒介理论的若干问题》一文，正文使用的是“鲍德里亚”，而在注释里，则使用了“波德里亚”和“博德里拉”两个新译名。同样的问题也出现在李彬的《传播符号：从方法论到本体论》中。

不过，这种混乱可以使我们从中找出一些译名使用的线索。文学界受1988年《比较文学讲演集》所用的译名“波德里亚尔”的影响较深，但

① 石义彬：《单向度、超真实、内爆——批判视野中的当代西方传播思想研究》，武汉：武汉大学出版社2003年版，第224页。

② ［美］约翰·斯道雷著，杨竹山、郭发勇、周辉译：《文化理论与通俗文化导论》，南京：南京大学出版社2001年版。

在后来影响广泛的《消费社会》中又采用了“波德里亚”的译名，因而文学界采用“波德里亚”作译名比较多一些。就哲学界来说，盛宁于1996年的两篇文章采用的译名“鲍德里亚”影响较大，学者们多采用“鲍德里亚”的译名。而传媒理论界也主要使用“鲍德里亚”的译名。台湾学者林志明使用的译名是“布希亚”，这在20世纪90年代的波德里亚中译本著作中只在他的《物体系》传播时曾流行过，但随着大陆一系列关于波德里亚的书籍译出，“布希亚”这个台湾产的译名就很少再被使用了。

正如本书的题名一样，本书采用的译名是“波德里亚”。这样的安排是出于如下考虑：

（1）在波德里亚理论思想的传播过程中，北京大学比较文学教研室选编的《比较文学讲演集》给出的译名“波德里亚尔”是波德里亚来到中国的第一个名字，也与《消费社会》的译名“波德里亚”比较接近。就影响而言，《物体系》、《消费社会》、《象征交换与死亡》三本译著中，《消费社会》的影响要大一些，尤其是在文学界。

（2）哲学界几乎统一使用“鲍德里亚”这个译名。但是，在后面的分析中，我们将看到，在哲学界，波德里亚主要被视作国外马克思主义研究之“后马克思主义思潮”的代表。可以肯定的是，如果波德里亚的理论思想在中国传播的视域限定在“后马克思主义思潮”这一个范围内，那么，传播波德里亚理论思想的意义和价值也就很成问题了。而实际上，波德里亚的理论思想在当代中国经常被用来解释各种各样的问题，几乎涉及影视、广告、新闻、摄影、艺术、工业设计等领域，尤其是关于波德里亚后期思想的媒介批评理论更是几乎渗透到我们社会生活的各个角落。因此，可以认为，就像文学界发现了波德里亚一样，对于波德里亚在中国日益广泛的传播来说，文学界的推动作用更重要。不过，文学界在波德里亚理论思想的传播过程中也有一个致命的问题：在译名的使用上，过于“漫不经心”了。

国内的一些重要的学者，如周宪、冯俊、孟建、金元浦、陈晓明、高小康、金惠敏等，使用的译名都是“波德里亚”。但是，波德里亚译名的使用要在文学界取得统一，恐怕还需要一个过程。最近出版的一本国外研究波德里亚理论思想的力作——道格拉斯·凯尔纳的《波德里亚：一个批判性读本》（2005）或许可以进一步增强这一趋势。

目前，波德里亚的译名主要有“鲍德里亚”和“波德里亚”两个，前者主要来自于哲学界的学者们，而后者主要来自于文学界的学者们。有趣的是，与其他西方理论家的译名翻译很快得到统一不同，波德里亚的译名至今仍然没有统一，若这一时期哲学界的成果较多，“鲍德里亚”出现的频率会较高；反之，“波德里亚”出现的频率就较高。

（3）名称翻译也有一名多译的成功范例。例如对 Turandot 的翻译就颇为典型。1998 年 9 月，张艺谋导演的《图兰多》在北京太庙演出。同一时间，魏明伦依据同一个西方故事改编出川剧《杜兰朵》。这两部作品的剧名都来自剧中的女主角 Turandot。于是，就 Turandot 的译名来说，出现了一名两译。本来，对译介学来说，统一译名是翻译的基本要求。但是，从《图兰多》到《杜兰朵》，此 Turandot 已非彼 Turandot。《杜兰朵》已是中国化了的 Turandot。因此，这个“一名两译”就显得非常贴合原意。

但是，波德里亚作为新近引介到中国的西方理论思想，迄今为止对其评价尚存在分歧，更遑论本土化了。另外，在中国也根本不存在与波德里亚相对等的一个中国原型，因而在任何意义上波德里亚理论都是完全异质性的，而其译名却是必须统一的。

就像马克思主义传入中国所经历的译名翻译从混杂到统一的过程一样，波德里亚的译名统一看来还需要一个过程。就本书而言，波德里亚在中国，从“鲍德里亚”到“波德里亚”、从哲学视域到文学视域显示出两种研究策略：一种是阐释性的，另一种是诗意性的。哲学界研究波德里亚的策略取向在于极力使对波德里亚的理解符合原意。而文学界却要随意得多，波德里亚的种种理论被频频用来解释当下文学、艺术或其他方面发生的变化，是一种使用中的阐释，且文学界视域里的波德里亚也正是在这种阐释中逐渐形成的。至此，一个问题浮出水面：有一个唯一本原的波德里亚存在吗？退一步讲，即使存在，那也只能是法国人眼里的“波德里亚”，中国的“波德里亚”应该是由中国人解释的，就像美国的“波德里亚”由美国人解释一样。

所以，本书采用“波德里亚”作为译名，其中的一个考虑就是本书所竭力追寻的是一个存在于中国人心中的、存在于中国学者心中的、存在于中国当下现实生活之中的“波德里亚”。而那个唯一存在的、本原的“波德里亚”——如果有的话——也仅仅是作为这个阐释的参照系。

如果1987年算作波德里亚来到中国的始年，那么波德里亚来到中国就有将近三十个年头了，对波德里亚理论思想的引介、翻译、传播以及研究，如我们刚才所简述的，到了2000年之后呈现出喷涌之势。其中的原因，可以是方方面面的，如当代新电子媒介这几年在中国的迅速普及，影像制作、生产以及广播、电视、大众媒体经营和管理机制的改革，中国社会的快速“消费化”，因特网、手机媒体的发展等都可以作为波德里亚理论思想在中国受到关注的原因，但这并不是本书研究的中心。

本书关注的中心在于，迄今为止，波德里亚来到中国的二十余年，它的理论及其演化作为在整个中国对西方思想理论的译介与传播过程中的一个个例所能给予我们的启示。这里，我们初步得出了两条启示：

（1）西方思想传入中国仰赖于一个“事件”。这可以是一个人，一个出版物，或者一次学术的讨论会，如波德里亚思想传入中国就与1985年杰姆逊赴北大开讲座有直接的关系。这种偶发事件引起的关注、思考，常常使其成为一个“热点”，并且蔓延开来。由于思想文化引介的偶然性，私人化倾向导致对它的理解、介绍和研究往往不是全面的和完整的，误读变成一个难以避免的常见的“现象”。这一事实揭示出的另一点就是，中外思想文化交流与传播在民间更甚于官方，这也印证了思想文化的传播是人类社会思想文化的基本构成方式和基本存在方式，是非控制性的。这就是思想文化传播的“偶然性”。

（2）思想文化传播的完成奠基于整个社会思想文化及其发展现状上，是有计划、有组织、可控制的。例如，对于那些初步传入中国的新思想、新理论的翻译、研究还比较粗糙，对其进行深入的研究都是后续跟进的，其中一个直接的目的就在于解释、澄清引介之初的“误读”。不过，之前的“误读”与其后的“解释”形成一种新的理论现象。而对西方异质思想文化的原创理论的中国本土研究就是在这种“互释”中形成的。

第二章

波德里亚理论在中国演绎的轨迹

对波德里亚理论的研究，在国外兴起于20世纪80年代，以美国《纽约时报》的一篇文章《大灾变的预言家》为标志。但如我们在前文介绍的，在2000年以前，关注波德里亚理论的中国学者可谓寥若晨星。对此，有学者认为，“一方面是因为其理论思想直到2000年才陆续被译介到中国，目前译介了波德里亚的《消费社会》、《完美的罪行》、《物体系》三部著作，以及一些西方学者关于波德里亚研究的几篇论文著作，实难让人了解体会波德里亚的思想深髓；另一方面是因为波德里亚的理论涉及科学、哲学、社会学、历史学、文化学以及美学等多方面的综合研究，其理论思想的庞大杂乱让人难以归类、梳理，很难做出全面而深刻的阐释”①。因此，为便于梳理波德里亚的理论思想在中国的传播，我们主要界定了以下的几个方面：①文学界的后现代理论家（也有学者将其归入后结构主义者）②；②哲学界的后马克思主义思潮③；③传媒理论界的新麦克卢汉。

第一节　哲学界的研究轨迹

国内哲学界是如何开始、如何进行波德里亚理论思想研究的呢？回答这个问题，要从波德里亚被看作后马克思主义思潮的重要代表说起，它的起因与马克思主义哲学界的一场讨论有关。1999年，江苏人民出版社出版了张一兵的理论著作《回到马克思》。该书一面世即引起了学人们的关注。无独有偶，这一年，德里达的《马克思的幽灵——债务国家、哀悼活动和新国际》的中译本出版，如此张一兵的《回到马克思》直接遭遇“后现代”并且构成了某种答问关系，于是引发了一场关于“马克思的当代性意义”问题的讨论。随后，从2001年起举办了四届“马克思哲学论坛”学

---

① 余凤威：《鲍德里亚理论思想概述》，http：//www. culstudies. com/plus/view. php? aid =1785。

② 盛宁：《人文困惑与反思》，北京：生活·读书·新知三联书店1997年版。

③ 张一兵：《后马克思思潮不是马克思主义》，《南京大学学报》2003年第2期。

术研讨会。[①] 这场讨论主要围绕三个问题：

（1）对于马克思主义哲学，如何处理知识与信仰的关系；如何实现马克思主义重归学术殿堂？

（2）从当代视野看，马克思主义最有生命力的东西是什么？针对国内学者大讲马克思主义哲学当代形态是人道主义、人本主义、人学、文化哲学和生存哲学等，张一兵力图把认识马克思主义哲学的基点放回到马克思主义的政治经济学基础上，作为知识体系把马克思主义哲学建立在马克思经济学理论知识的基础上，以期复原经济学语境中的马克思主义哲学话语。

（3）如何规整当代马克思主义哲学研究中的各种流弊？主要是三类"马克思主义"：一是经典、教条式地解读马克思主义；二是在我国学术界几乎形成气候的、带有西方马克思主义色彩的非主流马克思主义；三是用西方资产阶级哲学精心装扮的马克思主义，实质上是假马克思主义。

这场关于"马克思的当代性意义"的大讨论对波德里亚理论研究的意义在于它引出了马克思主义与后现代理论关系的问题。当后现代理论以批判资本主义的姿态和马克思主义缠绕到一起时，如何认识后现代理论的资本主义性质及其同马克思主义在批判资本主义社会上的同构关系，如何区分在场的非马克思主义和不在场的马克思主义，就成为当代马克思主义研究的一个不得不回答的问题。[②]

作为列菲弗尔的学生，波德里亚经历了从西方马克思主义转向后现代理论的"漂移"。他师从西方马克思主义在法国的重要代表列菲弗尔，不仅仅在文化符号层面，而且在现实的政治层面始终保持着批判资本主义的姿态。但是，他认列菲弗尔为师，却是做着后结构主义者巴特的学生。波德里亚的理论及其实践表明，他是一个站在西方马克思主义和西方后现代思潮交接点上的"游移者"。

---

① 赵剑英、孙辉整理：《推进马克思主义理论研究和建设工程的重要平台——四届"马克思哲学论坛"学术回顾与展望》，《中国社会科学院院报》2005 年第 22 期。

② 张一兵认为波德里亚理论是对马克思主义的彻底颠覆。参见张一兵：《反鲍德里亚》，北京：商务印书馆 2009 年版。

当马克思主义研究遭遇西方马克思主义和后现代思潮的双重“戏仿”时[①]，张一兵意图把对马克思主义的全部理解重新建立在现实的社会物质生产的基础上，张一兵的“回到马克思”毋宁说是让马克思主义回到现实中来、回到我们中间。这时，张一兵给自己找到了另一位答问者，这就是后马克思主义思潮的代表：波德里亚。“所谓后马克思思潮，主要指的是早期受到以西方马克思主义为中介的马克思批判理论的影响，但后来又明确反对马克思从生产逻辑出发来分析资本主义社会的学者。”[②] 唯其不放心，沿着这一理路，张一兵于2009年出版了他的《反鲍德里亚》一书，对波德里亚进行了不留情面的、彻底的清算。[③]

波德里亚告别列菲弗尔，脱离西方马克思理论策略之一就是把他的理论陈述奠基于社会的“符号生产”，而不是社会的“物质生产”，以此证明在人类科学技术高度发达的今天，在大众传播媒介如此深入我们的生活空间的当下社会，“符号”已经取代“商品”，成为主要的消费对象。而像马克思那样基于一个多世纪以前的科学技术水平及其生产方式建立的经济基础决定上层建筑的社会分析模式，在波德里亚看来，则完全是无视现代社会发展变化的过时的理论，而且，这种把对资本主义社会的政治经济学批判建立在社会之“生产逻辑”上的理论，与亚当·斯密的古典政治经济学把社会的物质生产作为社会发展基础的理论如出一辙，根本就是一种“共谋”的关系。在这样的前提下，批判资本主义永远只是一种“批判”，因为，只要现代科学技术能够不断推动社会的物质生产进步，提供越来越丰

---

① 我们来看看后现代思潮是如何“戏仿”马克思主义的。在《马克思的幽灵——债务国家、哀悼活动和新国际》里，德里达写道：“马克思主义的经历，马克思在我们心目中的几乎慈父般的形象，以及我们用来和其他的理论分支、其他的阅读文本和阐释世界方式做斗争的方法，这一方法作为马克思主义的遗产曾经是——而且仍然是并因此永远是绝对地和整个地确定的。”参阅［法］雅克·德里达著，何一译：《马克思的幽灵——债务国家、哀悼活动和新国际》，北京：中国人民大学出版社1999年版，第22页。

② 仰海峰：《从西方马克思主义到后马克思主义思潮》，《南京大学学报》2003年第2期。张一兵在《反鲍德里亚》中，对这一问题予以了更为深入的探讨。参见张一兵：《反鲍德里亚》，北京：商务印书馆2009年版。

③ 张一兵说：“我希望，自己的批判性解读能够以一个中国马克思主义学者的名义，直面这个重要的对手，在实质性的理论交锋中捍卫历史唯物主义的尊严。”参见张一兵：《反鲍德里亚》，北京：商务印书馆2009年版。

富的物质享受，就不可能实现对资本主义社会的“颠覆”。而现代资本主义确实已经找到了使生产无限延续的方法，并且，科学技术自身的“进步逻辑”也不断提供可能的支持。因此，在波德里亚看来，把批判理论建立在“生产逻辑”之上，根本无法实现对资本主义的颠覆，反而会确认资本主义的发展逻辑。

同时，张一兵的“回到马克思”的现实的理论目标也是对20世纪70年代末以来，中国学者研究的国外当代马克思主义哲学进行的重新界划。“以晚期马克思主义哲学、后现代的马克思主义哲学，以及同样是从西方马克思主义中分离出来的后马克思主义哲学思潮等新的研究范式来重组这一领域的具体讨论。”① 这一界划的基础是支撑社会运转的物质的“生产逻辑”。因为，生产的逻辑是构成马克思分析资本主义社会的基本逻辑。马克思在《1857—1858年的经济学手稿》的“导言”中，就生产和消费的关系指出：“无论我们把生产和消费看作一个主体的活动或者许多个人的活动，它总是表现为一个过程的两个要素。在这个过程中，生产是实际的起点，因而也是起支配作用的要素。消费，作为必需，作为需要，本身就是生产活动的一个要素。但是，生产活动是实际的起点，因而也是实际起支配作用的要素，是整个过程借以重新进行的行为。”②

我们知道，波德里亚从西方马克思主义走向后马克思思潮的一个重要的理论节点，就是用符号及其差异关系的生产去替代社会物质生产的逻辑，并借此来分析资本主义社会，从而走出马克思的生产逻辑。在张一兵看来，后马克思思潮不是马克思主义，它们力图从根本上超越马克思主义

① 在此之外，胡大平提出一个“后马克思主义哲学”的概念。张一兵认为，“后马克思主义（Post-Marxism）与后马克思思潮有着严格的界划：前者是泛指20世纪50年代‘意识形态终结论’之后的马克思主义，也可以指苏联东欧社会主义阵营消解之后的一切马克思主义这种指称只是在一种消极的贬义语境中使用的”。1985年拉克劳、墨菲在《文化霸权和社会主义的战略》中明确打出“后马克思主义”的旗号。而后马克思思潮缘起于阿多诺和列菲弗尔的西方马克思主义。在1968年法国“五月风暴”后，他们公开背离了马克思主义，明确表示不赞同马克思主义，但仍然激进地批判资本主义现实，并自认为承袭了马克思主义的某种批判性遗产。参阅张一兵：《后马克思思潮不是马克思主义》，《南京大学学报》2003年第2期。

② ［德］马克思、恩格斯著，中共中央马克思恩格斯列宁斯大林著作编译局译：《马克思恩格斯全集》（第46卷），北京：人民出版社1979年版，第31页。

的原有讨论问题域，对于马克思主义来说，后马克思思潮在学理上是一种重要的异质性。①

于是，与后马克思思潮相比，“后现代马克思主义在承认现代性向后现代性转换的同时，仍然坚持马克思主义的后现代更新；晚期马克思主义则不承认后现代，只是将新的历史时段看作资本主义的一个晚近的发展时期。这两者的共同点是它们都还自指马克思主义”②。

这样，后马克思思潮，在张一兵的国外马克思主义哲学研究的重新界划中，就上升为当下“回到马克思”的马克思主义哲学研究的最为强劲的阻碍。难怪张一兵语气坚决地宣称：后马克思思潮不是马克思主义。

或许，研究对手正是战胜对手的第一步。对于后马克思思潮的最为显赫的代表人物而言，研究波德里亚，理所当然成为当下“回到马克思”的马克思主义哲学研究中的一个重要命题。

但是需要说明的是，尽管围绕着“生产逻辑”的始基问题，张一兵与波德里亚的理论针锋相对，然而，张一兵“反波德里亚”的主旨在于严格区分波德里亚那个高举着批判资本主义旗帜的“符号生产”理论与马克思主义历史唯物论，避免造成对马克思主义历史唯物论的错误认识。所以说，波德里亚理论既是张一兵批判的对象，也是他的理论答问对象，他并没有否定波德里亚理论中诸多建立在对当代社会生活科学分析基础上得出的理论成果。

与之相应，张一兵的学生仰海峰成为目前国内研究波德里亚经典文本的重要学者之一。仰海峰的博士论文以“走向后马克思：从生产之镜到符号之镜”为名，由中央编译出版社出版，并将副标题定为“早期鲍德里亚思想的文本学解读”。此书成为目前解读波德里亚基本思想的重要文本之一。

在该书的后记里，仰海峰叙述了论著写作的经过，说他选择波德里亚理论作为研究对象，完全是一个挑战，因为，在此之前，他对法国当代哲学知之甚少，对波德里亚理论的理解几乎是从零开始的，并说在写作过程

---

① 参阅张一兵：《后马克思思潮不是马克思主义》，《南京大学学报》2003 年第 2 期。参见张一兵：《反鲍德里亚》，北京：商务印书馆 2009 年版。

② 参阅张一兵：《后马克思思潮不是马克思主义》，《南京大学学报》2003 年第 2 期。参见张一兵：《反鲍德里亚》，北京：商务印书馆 2009 年版。

中，他极大地得益于导师组织的经常性的研讨，在写作思路与资料的把握上都极大地受益于导师的帮助。[①] 就着这些陈述似乎可以作出如下的推断，对仰海峰来说，选择波德里亚理论作为研究对象完全是导师的一个“先在”的预谋。顺着这个推断，可以得出另一个推断，即安排对波德里亚理论的研究，是张一兵推进当下国外马克思主义理论研究的一个部分，也是“回到马克思”的一个当然的步骤。

对波德里亚这位后马克思思潮的杰出代表，张一兵怎么重视都不为过。如前所述，在“回到马克思”的国外马克思主义理论研究的进程中，波德里亚理论始终都是一个“答问”的对象、一个需要批判的对象、一个无法回避的理论对手、一个终将被超越的对象。而波德里亚理论思想那些建构精巧、设计严密而又极富创意的理论珍馐也将在“回到马克思”的理论历程中，成为建设当代中国马克思主义理论的宝贵素材。

于是，哲学界在此时展开了对波德里亚理论思想的研究，而它的缘起、目的、价值和意义全在于此！

第二节　文学界视域里的波德里亚

波德里亚理论之所以会在更为广泛的领域，如文学界、艺术界、美术和摄影界、大众传媒界以及影视界的传播呈燎原之势，其情形和原因十分复杂。波德里亚的理论思想作为一种西方世界的批评理论，其在中国的传播存在着极大的文化异质性问题：它的叙述语境已经发生了巨大的变化。诚如哲学界把它归入后马克思思潮一样，一切都不过是我们在自己的语境里“自说自话”。国外的理论家是否认同、波德里亚本人是否接受，也都还是疑问。

有了这个前提，在研究波德里亚理论思想传播过程中遭遇意义的分歧时，就有了一个宽容的空间。波德里亚理论思想在非哲学界的传播采取的

---

① 参阅仰海峰：《走向后马克思：从生产之镜到符号之镜》，北京：中央编译出版社 2004 年版，第 353 页。

"真实"的"真实"。由于没有指涉对象，"超真实"就成为一种无法判定，也无须判定的、触手可及的超级"真实"。

由此，人类对外部世界的认知就从"表征危机"滑向"表征虚无"，其结果便是：尽管人们每时每刻面对着五光十色的物质对象，享受着由此而来的感官刺激，但其头脑里空空如也，感知获得的信息在思维里完全"内爆"为杂乱的碎片，对现实的认知从属于符号表征，符号本身决定人们对物质世界的认知，人们自己所能触及的却只是作为表征的符号，而不是表征的对象。于是，人类的思维从此无法认知外部世界，更不用说改造或影响客观物质世界了。这种在客观物质世界面前束手无策的结果，就是在主观与客观的二元关系上，人类从主动转为被动，并因此被其所面对的外部物质世界所主导，由此，世界的历史就成为一个在技术逻辑推动下的、没有了人类参与的、物质世界自我发展的历史；也正是在这个意义上，技术打败了发明技术的人类。波德里亚说这是一个无法改变的致命的策略，而导致这个命定策略的主要是当代大众传媒的媒介策略。

"文学终结"不过是波德里亚理论链条上的一个讨论话题，却成为那个不可遏制、不断向前发展的物质技术所带来的种种灾变中的一个，成为当代大众传媒的媒介策略可以预见到的一个结果。

第三节 后现代媒介批评理论视域里的波德里亚

在中国传媒理论界，波德里亚传媒批评理论是继阿多诺的"文化工业"理论、马尔库塞的"单向度"理论、本雅明的"机械复制"理论、哈贝马斯的"交往行动"理论、斯图亚特·霍尔的"编码和解码"理论、麦克卢汉的"媒介即讯息"理论之后走红的后现代媒介批评理论。

波德里亚被称作"新的麦克卢汉"。这一提法最早出自道格拉斯·凯尔纳的《让·鲍德里亚：从马克思主义到后现代主义及远处》一书。后来，凯尔纳写了一篇题为"波德里亚：一个新麦克卢汉"的文章，全面介绍了他对波德里亚媒介批评理论的看法。在这篇长文里，凯尔纳把波德里亚的媒介批评理论界定为：后现代的激进的媒介批评理论。凯尔纳说：

“在二十世纪八十年代这个被叫做后现代的年代，让·鲍德里亚在某些特定的圈子里，作为最先进的媒介和社会理论家，一直被推崇为新的麦克卢汉。”①

这篇文章对中国学者了解波德里亚的大众传媒理论产生了重大的影响，在文章中，凯尔纳集中表达了他对波德里亚的媒介批评理论的几点看法：

（1）波德里亚媒介批评理论的目标在于“根据消费、媒介、信息和技术社会的发展，重新思考激进的社会和政治理论”②。媒介在当代社会中的作用“相当于从现代生产社会堕落到后现代模拟社会”。在社会文化领域，标示着高级文化与低级文化、现象与实在、传统哲学与社会理论的差异被抹平了。现代性文化向后现代性文化的过渡得以完成。

（2）就现代大众传媒而言，在波德里亚看来，媒介（主要是电视）就是一个“模拟机器”。对这个“模拟机器”的分析，波德里亚拟出“类象”和“超真实”的概念，构成了他的媒介批评理论的重要内容。

（3）波德里亚提出表征和现实关系的重要倒置，指出表征危机的根源在于“媒介意义的内爆”。“内爆”是波德里亚理论中的重要概念。“内爆”的主要特征就是“差异”消解，其过程就是“熵”的增加的过程。③当代大众传媒的根本特点就是为了制造信息而制造信息。于是，媒介快速发展的直接后果就是“信息激增”。

这里涉及四个概念：表征的世界、符号、符号能指与符号所指。他们构成两个层面：表征的世界与符号为第一层面，符号能指与符号所指为第二层面。符号的非限定性与现实世界的限定性，决定信息激增只能通过不断分解它所表征的现实内容来实现。因此，与信息的激增同时发生的是其

---

① ［美］道格拉斯·凯尔纳著，李卫华译：《波德里亚：一个新麦克卢汉》（节选），《问题》（第二辑），北京：中国人民大学出版社2003年版。

② ［美］道格拉斯·凯尔纳著，李卫华译：《波德里亚：一个新麦克卢汉》（节选），《问题》（第二辑），北京：中国人民大学出版社2003年版。

③ 熵定律又称热力学第二定律。其基本特征是在一定增大的趋势下，带来组织秩序解体的一个量度（混乱的程度）。其最大状态就是秩序的彻底解体，达到一种无序的平衡状态。熵带来的秩序破坏最根本的就是“差异”消解。高尔太曾把熵定律引入美学研究，用以论证“多样归一”定律。参阅郑乃藏、唐再兴：《文艺理论辞典》，北京：光明日报出版社1989年版，第154页。

所表征的现实内容逐渐抵消与趋零化，直至符号完全与表征的现实对象分离。结果，符号不再指涉现实对象，而是符号之间互相指涉。于是，符号之间由于表征的内容不同所形成的差异消解了，这是信息激增带来的第一重符号“差异”的消解。

一个符号与另一个符号因差异而形成系列，以满足信息激增。但是，在信息激增无限增加的趋势下，同样难以保持符号之间以“差异”形成的系列的稳定性。因为，符号能指的非限定性与符号所指的限定性，决定符号能指只能通过不断分解它所指涉的所指（意义）来实现信息激增。于是，在这一过程中，同样会出现符号能指所指涉的所指（意义）逐渐抵消与趋零化，其结果就是符号能指彻底脱离符号所指，从“能指的漂浮”到能指的自由，能指之间由于意义（所指）不同而产生的差异消解了，这是信息激增带来的第二重符号“差异”的消解。

在此，“内爆”造成的“差异”消解不仅是表征现实的消解，而且是符号所指（意义）的消解，而信息的激增过程就是一个符号指涉内容不断抵消和趋零化的过程。正因为此，“信息对内涵具有直接的破坏性，或消除它。意义的丧失直接关联于信息、媒介、大众传媒的分解和劝阻作用……信息吞噬了它自己的内容，吞噬了交流和社会……信息把意义和社会融为一种模糊不清的状态，这种状态根本不会导致新事物的过量出现，而是恰恰相反导致整体的平均信息量”①。由此，媒介成了信息的黑洞，这个黑洞将所有的内容都吸入到符号差异系列的控制之中，这个过程被波德里亚称为“内爆”。② 需要说明的是，“内爆”打碎了消费社会一个符号参照另一个符号、一件物品参照另一件物品、一个消费者参照另一个消费者的秩序链条。消费社会的稳定性被彻底破坏，这就是大众传播媒介对消费社会的解构；传媒的发展终结了传媒自身、终结了消费社会，这就是波德里亚的“传媒恐怖论”。

（4）波德里亚媒介批评理论所完成的是对于现代大众传媒的悲观性的

---

① See *In the Shadow of the Silent Majorities*, New York: Semiotext (e), 1983.

② “内爆”与“传播技术的革命性变革有关，正是这一系列涉及图像及其传播的科技爆炸，造成了信息大幅度的超量增殖，导致影像大规模的极度蔓延，从而使超现实取代现实成为现代人的真实处境”。参阅李彬：《传播符号：从方法论到本体论》，《中国传媒报告》（香港）2003 年第 1 期。

预测。在波德里亚那里，电视和大众媒介的功能就是阻止交流。媒介把个体诱骗到一个拟像的社会里，使其仿佛进入了一间四面都安装了镜子的房间；置身其间，一切差异都被消除了，不知道哪个是真实的自己、哪个是镜像；镜子的质量越好，人就越难以辨识自己。人被媒介彻底吞噬了，这就是媒介的恐怖主义。人最后成为媒介的一个终端，这样，没有了媒介传递的信息，也没有了接受信息的人，不再可能区分媒介与传递的信息、区分媒介与接受信息的人，一切都内爆了。到了这个时候，一个可以预见的结果便是“媒介终结”。房间里的人打碎镜子，找到自己！

国内学者关注波德里亚的后现代媒介批评理论，较早的是王岳川基于文化研究对波德里亚媒介批评思想所作的介绍：在《传媒与沟通：对后现代文化交流的透视》[①] 中提到波德里亚对当代日新月异的大众传媒科技带来“表征危机”的忧虑，并在 2001 年出版的另一本书——《中国镜像：90 年代文化研究》（第九章第二节“超真实的符号生产和媒体谎言”）里简要评析了波德里亚的媒介批评理论。1999 年，有一篇关于波德里亚媒介批评理论的论文是季桂保所写的《让·鲍德里亚的大众传媒理论述评》[②]。该文就波德里亚媒介批评理论的基本内容和来龙去脉作了一个简要的介绍。这篇文章给人们留下深刻印象的是它提到了波德里亚媒介批评理论中的“传媒仿真论”更大程度上是一种“传媒恐怖论”。这也是季桂保在该文中表达的对波德里亚媒介批评理论的基本看法。2000 年，他在《让·鲍德里亚的后现代文化观》一文里，再次介绍了波德里亚后期主要的媒介批评理论，并进一步强调自己关于波德里亚“传媒恐怖论”的观点。

马海良的《鲍德里亚：理论的暴力，仿真的游戏》对波德里亚仿真秩序理论的三种形态给予了区分和梳理，由此推导出波德里亚理论的“仿真性”，以回应盛宁所谓的“危险的鲍德里亚”，并得出结论：理论的暴力毕竟不同于权力的暴力，正如资本主义商品使用价值与交换价值分离一样，波德里亚的理论已经不再具有“使用价值”了，因而，并不危险，也不可怕！

值得一提的还有石义彬在他著的《单向度、超真实、内爆——批判视

---

① 该文发表在《现代传播》1994 年第 1 期。
② 该文发表在《学术月刊》1999 年第 6 期。

一致，就是说，“模范”的“使用价值”与“符号价值”分离了。这时，“模范”依然存在，但是，只能以符号的形式存在了，即“模范”拟像化了。于是，商品的符号价值取代了商品的使用价值，商品消费变成符号消费。

其二，从政治经济学批判的角度看，波德里亚认为无论是以生产逻辑为主导的商品社会，还是以消费逻辑为主导的消费社会都是特定历史阶段的产物。20世纪60年代以来，西方资本主义消费社会的形成表明，当代资本主义社会已经从以生产为主导的社会转型为以消费为主导的社会，而这个消费社会的根本特征就是现代资本主义社会消费符号系统的形成。

如果说，手推磨产生了封建主的社会，蒸汽机产生了工业资本家的社会，那么，波德里亚认为，现代电子媒介的出现产生了当代资本主义的消费社会。“应该承认麦克卢汉所说的‘媒介即讯息’确实是消费分析的一个基础特征。这意味着电视、广播传媒提供的、被无意识地深深地解码了并‘消费’了的真正信息，并不是通过音像展示出来的内容，而是与这些传媒的技术实质本身联系着的、使事物与现实相脱节而变成相互承接的等同符号的那种强制模式。”[①] 波德里亚认为现代资本主义消费社会的符号系统的形成和符号的生产得以实施的原因在于现代大众传播媒介的技术进步。“大众传媒的这一技术程式造成了某一类非常具有强制性的信息。”[②]

资本主义合法性的基础在于无限扩大的资本主义社会再生产。现代资本主义正是通过不断加速的社会化再生产来弥补和掩盖资本主义与生俱来的种种致命缺陷：资本对人的剥削；资本主义生产的异化本质；基于资本的全社会公民根本上的不平等。

在波德里亚看来，基于生产逻辑建立起来的资本主义的生产秩序已经无法继续推动资本主义社会再生产，社会化再生产只有从物质生产转向符号生产。这一过程的标志之一就是福特的生产流水线让位于现代大众传播媒介。总之，那个“资本主义社会生产再生产了资本主义的生产关系”的时代已经过去，现代资本主义依赖大众传播媒介的符号生产，再生产出现代资本主义社会的生产关系。资本通过控制大众传播媒介来操纵社会的符

---

① ［法］波德里亚著，刘成富、全志钢译：《消费社会》，南京：南京大学出版社2000年版，第130页。

② ［法］波德里亚著，刘成富、全志钢译：《消费社会》，南京：南京大学出版社2000年版，第130页。

号生产，实现资本主义再生产的无限扩大。

资本通过控制大众传播媒介来操纵社会的符号生产的直接现实，就是大众传媒按照资本主义再生产的逻辑，生产出当代资本主义社会的符号体系。波德里亚认为，快速发展的大众传媒技术，使得控制了大众传媒的资本可以对整个世界进行意识形态的任意编码，而完全不用考虑现实世界的可能性，即“电视传媒通过其技术组织所承载的，是一个可以任意显像、任意剪辑并可通过画面解读的世界的思想（意识形态）。它承载着的意识形态是，那个对已变成符号系统的世界进行解读的系统是万能的”①。由于脱离了物质的现实基础，脱离了现实的历史语境，资本主义依托大众传媒建构符号体系、进行符号生产达到了随心所欲的地步。波德里亚认为，这是资本主义的资本逻辑所达到的最高阶段。

大众传媒的符号生产不断生产着消费的欲望、消费的动机和无穷无尽的消费者。由于资本追逐利润的本性，在符号生产的推动下，资本主义再生产的速度越来越快，商品的数量越来越多，结果商品之间的差异越来越小，所负载的意义差别也越来越小，整个社会的商品生产和符号生产趋于同质化，这样，维系消费社会运转的“一个符号参照另一个符号，一个物品参照另一个物品，一个消费者参照另一个消费者”② 的链条断裂了。“这种状态根本不会导致新事物的过量出现，而是恰恰相反，导致整体的平均信息量。”③ 这就是资本主义消费社会的终结：商品生产和符号生产的彻底“内爆”。

当代资本主义的社会再生产，在大众传媒的符号生产推动下越来越快，就像加速坠落的陨石，最后分崩离析，变成一堆碎片。这就是波德里亚对当代资本主义消费社会、对当代大众传媒的悲惨宿命的预言。

---

① ［法］波德里亚著，刘成富、全志钢译：《消费社会》，南京：南京大学出版社2000年版，第133页。

② ［法］波德里亚著，刘成富、全志钢译：《消费社会》，南京：南京大学出版社2000年版，第135页。

③ *In the Shadow of the Silent Majorities*，New York：Semiotext（e），1983.

第二节 “消费社会”来到中国

当代中国对“消费社会”及其消费文化的认识,显然不具备波德里亚的言述语境。而且,当代中国社会显然也不可能是波德里亚所称为“资本主义社会发展的第四阶段”的那个“消费社会”。事实上,“消费社会”常被看作西方晚期资本主义社会的别称,与后现代相关。所以,一切讨论中国当下是否已经进入消费社会的话题,在波德里亚那里,都可以肯定地说,是一个伪命题。对此,有学者认为,“具体就‘消费社会’的始原内涵而言,用来指称中国当下整体性的社会状况是不确切的”[①]。不过,周宪对“消费社会”给予了一个中国式的解释:以中国特色的“小康”的社会理想解释“消费社会”。于是,“消费社会”就成为一个衣食无忧的富足社会。这里把“消费社会”解释为一个经济和文化意义上的概念,而这个概念可以通行于不同权力意识形态的社会。[②] 也有学者认为,“消费社会”作为西方新资本主义的意识形态,的确将资本主义推向了一个新的阶段。但是,作为研究对象,也可以把消费社会问题看作是社会风尚和生活方式的问题。[③]

由于中国特殊的历史,现代消费在中国登陆的时间和地点至少可以上溯到20世纪20年代的上海。不过,那时的消费也就是凡勃伦在《有闲阶级论:关于制度的经济研究》里所说的“炫耀性”消费,即通过挥金如土的生活方式来仿效欧洲贵族的生活品位,以博取社会承认和荣誉,从而彰显一种显赫的社会身份或地位。当时这种消费方式主要出现在上层官僚、洋买办、新兴的暴发户等少数社会显贵阶层,因而还不是现代意义上的大众消费。

新中国成立之后,凡勃伦式的“炫耀性”消费在中国也随即销声

① 范玉刚:《消费主义时代文学何为——对当下文学现象的一种批评》,《当代文坛》2005年第3期。

② 李诚、阎嘉:《消费时代的文学与文化研究走向》,《文学评论》2004年第6期。

③ 潘小松:《美国文化研究中的消费主义问题》,《粤海风》2005年第1期。

匿迹。

消费主义及其消费文化不期而然地在中国重现，严格一点说，是在20世纪90年代以后。随着中国推进社会主义市场经济体制改革，消费主义作为一种价值取向和日常实践，逐渐在中国蔓延。“我们所看到的动态图像，我们所读的书刊杂志，我们所到的公共场所，全部充满着精心策划的用以激起我们欲望的商业信息。这些信息包裹在一种让人心动的美轮美奂的生活方式之中。高强度的广告轰炸，或许并不能让人们记住几个广告，然而，铺天盖地的广告轰炸，即使不能推销出某种特定的产品，但通过反复强调购买什么可以解决生活中的问题，甚至是获得幸福的保证，实际上已经有效地兜售了消费主义的信念。”[①] 对此，有学者认为：“在一个全球化的时代，即使是处于发展中的社会以及其中的社会各阶层，也由于传媒、广告等与科技、商业的联姻作用而‘积极主动地’步入大量消费的时代，在这里，消费什么、怎样消费构筑了新的文化—意识形态：消费主义。”[②] 消费主义在中国呈现出早熟的态势，“国门打开以后，最让国人怦然动心的，恐怕不是别人多少世代的辛勤工作积累下来的高超的生产能力，而是恍如天堂的生活享受。这时，感觉最需要采取行动的，就是赶紧将不管被什么原因耽误的美好生活补偿回来”[③]。

凡此种种，尽管现实的中国社会并非波德里亚所谓的消费社会，但作为文化层面的消费主义，在全球化的推动下，却可以拥有和消费社会一样的形貌。这是波德里亚的“消费社会”概念可以与中国社会现实对话的前提，即波德里亚的“消费社会”概念进入中国发生的第一个“错位移植”就是抽取这个概念的社会现实的所指和意识形态批判，作为全球化语境下的、有着某种共同特征的文化形态。例如，周宪就曾把人类社会出现的文化形态统一界划为：摹仿、复制和虚拟三种，分别对应于亚里士多德的摹仿论、本雅明的机械复制论和波德里亚的虚拟论。[④] 或许，看到“消费社会”的特定含义时，也有一些学者会使用“消费时代”这个概念作为“消

---

① 成伯清：《现代消费与青年文化的建构》，周晓虹主编：《大过渡时期的中国青年》，南京：南京大学出版社2000年版。

② 陈昕、黄平：《消费主义文化在中国社会的出现》，发布于“世纪中国网”。

③ 成伯清：《消费主义离我们有多远》，《江苏行政学院学报》2001年第2期。

④ 周宪：《图像技术与美学观念》，《文史哲》2004年第5期。

费文化”依附的物质现实。①

对于现代西方的消费社会，杰姆逊曾给过一个描述：“新的消费类型；有计划的产品换代；时尚和风格转变方面前所未有的急速起落；广告电视和媒体对社会迄今为止无法比拟的彻底渗透；市郊和普遍的标准化对过去城乡之间以及中央与地方之间紧张关系的取代；超级高速公路庞大网络的发展和驾驶文化的来临。”② 由此看来，中国当下社会的生活方式与之确有许多相似之处。这种相似性构成了消费主义得以盛行中国的现实基础，也成为理解波德里亚“消费社会”理论本土研究的入口。

第三节 波德里亚“消费社会”概念在中国的两种解释范式

吉登斯说：“现代性是一种双重现象。同任何一种前现代体系相比较，现代社会制度的发展以及它们在全球范围内的扩张，为人类创造了数不胜数的享受安全的和有成就的生活机会。但是现代性也有其阴暗面，这在本世纪变得尤为明显。”③ 观念方式的多元化和历史分期的差异，显示出现代主义与后现代主义本身的内在差异和张力。现代主义与后现代主义的内在差异和张力使之处于两种相互冲突的解释范式的尴尬境地。这两种相互冲突的解释范式有多种表述方式，如思维的或观念上的后现代主义与社会历史发展某一阶段的后现代性的冲突；作为启蒙理性的后现代性与作为审美理性的后现代性的对立；社会发展过程中，合理化、工具化和科层化现象与后现代文化尤其是审美冲动的对立（周宪）；目的理性与价值理性的对立（韦伯）；在价值上，社会系统、经济系统与文化系统的冲突（哈贝马斯）；资本主义企业主的经济冲动与艺术家的文化冲动的对立（贝尔）；后

---

① 参阅李西建：《消费时代与文艺学研究的问题性》，《陕西师范大学学报》2005年第2期。

② ［美］詹明信著，张旭东编，陈清侨译：《晚期资本主义的文化逻辑》，北京：生活·读书·新知三联书店1997年版，第418页。

③ ［英］安东尼·吉登斯著，田禾译：《现代性的后果》，南京：译林出版社2000年版，第6页。

现代社会现实与后现代文化的紧张（鲍曼）；社会现代化与审美现代性的冲突（卡利奈斯库）；启蒙现代性与浪漫现代性的对峙（维尔默）。上述的种种冲突既不是传统性（前现代）与现代性之间的冲突，也不是现代性与后现代性之间的紧张，而是其内部的差异与张力。① 因此，与之相应的，作为后现代理论“家族”或者“星丛”的一员，对波德里亚“消费社会”理论的解释，中国学者大致采取了两种解释范式，即意识形态批判与审美后现代性批判。②

一、波德里亚“消费社会”理论的意识形态批判

这种解释范式显然坚持了“消费社会”的后现代语境，认为“消费社会”概念所表征的是当代资本主义的意识形态，主张对在“消费社会”的旗号下呈现出来的种种光怪陆离的现象予以坚决的批判和西方文化帝国主义对当代中国社会的侵蚀保持清醒与警惕。例如对于当下消费主义在中国的流行，王岳川显然注意到波德里亚“消费社会”概念所包含的意识形态的意蕴，认为当下“国人正在消费主义的温情掩盖下遭受西方‘洋消费文化’的侵蚀”③。西方的消费文化在中国的流行，在给我们带来丰盛的文化筵宴和奢华的视觉大餐的同时，也使西方资本主义世界的价值观、意识形态悄无声息地植入我们的意识。王岳川认为这是一种后现代资本主义的文

① 参阅周宪：《审美现代性批判》，北京：商务印书馆 2005 年版，第 4 ~ 5 页。

② 如果把后现代解释为相对于现代的一个历史分期（后工业社会或者消费社会），那么，同现代性一样，后现代性同样存在启蒙后现代性与审美后现代性的内在冲突。审美现代性作为一种话语形态，与后现代主义保持了某种逻辑一致性，但是，后现代主义与后现代性不是一个概念，它们有不同的内涵与外延。后现代性是与现代性对位的概念；后现代主义是与现代主义对位的概念。因此，审美的现代性可以推定有一个相对位的审美的后现代性，其与启蒙现代性（与后现代性的理性诉求是一致的）构成了后现代性的冲突。不过，周宪认为现代性没有终结，后现代性只是作为启蒙现代性的一种抵抗，而与审美现代性取得逻辑的一致性。然而，从审美的现代性到后现代主义或者审美的后现代性不是连续的、而是断裂的过程。参见周宪：《审美现代性批判》，北京：商务印书馆 2005 年版，第 290 ~ 299 页。

③ 参阅李西建：《消费时代与文艺学研究的问题性》，《陕西师范大学学报》2005 年第 2 期。

化殖民策略，要求警惕消费文化研究成为西方消费意识形态的合谋，必须坚持对西方消费主义意识形态进行社会实践和意识形态的批判。实际上，后现代主义与后殖民主义问题有着内在的关联性。后现代主义的全球扩张“将一种发生在西方内部的边缘对中心颠覆的后现代主义思潮，引入到世界范围内的东西方边缘对中心的挑战的权力网络中，从而使西方后工业社会‘现代性与后现代性’的文化逻辑之争，扩散成为全球化语境中‘东方主义与西方主义’的政治权力关系之争，从而揭示宗主国与殖民地之间的文化话语权力关系，以及有关种族主义、文化帝国主义霸权问题”①。这里，王岳川把波德里亚理论的中国传播置于西方后现代的文化意识形态全球扩张之中，要求加强对波德里亚“消费社会”理论的西方资本主义意识形态的身份检视，确认“如何张扬一种健康的文化，而非一种颓败的文化；如何保持文化理论的有效性和合法性”②，防止消费主义危害中国当代文化的健康发展。③

颇为相似地，陶东风把西方媒介帝国主义作为“消费社会”概念的内涵之一，认为西方的消费主义作为一种异文化和资本主义的意识形态传播、渗透到发展中国家，这与大众传播媒介有密切的关系。“跨国媒介公司的运作，切合了资本主义世界体系的运转逻辑与意识形态需要，媒介帝国主义的现象之所以发生，乃肇因于发达国家（尤其美国）的媒介波及、冲击了发展中国家，使得发展中国家的阅听人全盘接受西方资本主义的消费主义价值观，成为西方文化霸权的俘虏，并导致本民族文化传统的崩溃。”④ 持有这种观点的还有金元浦，他认为“消费社会”这个神话就是我们这个时代现代性的道德，“消费神话在20世纪的历史性浮现，与经济勃兴时代的经济发展观念，以及更早的工业革命和技术时代的技术概念的浮现都是不一样的……它意味着一次价值意识形态的重构”⑤。这种意识形态

---

① 王岳川：《中国后现代话语》，广州：中山大学出版社2004年版，第16页。

② 王岳川：《消费社会中的精神生态困境——博德里亚后现代消费社会理论研究》，《北京大学学报》（哲学社会科学版）2002年第4期。

③ 参阅王岳川：《消费主义危害与中国当代文化立场》，《中华艺术报》，2004年12月17日。

④ 参阅陶东风1998年11月4日发表在《中华读书报》的文章。

⑤ 金元浦：《消费是当代社会的神话》，《中华读书商报》，2001年6月7日。

的重构是通过消费实现的。仰海峰认为在波德里亚的“消费社会”理论中，消费建构当下资本主义社会的内在逻辑主要体现在三方面：第一，社会生活中的一切都已成为商品；第二，消费品的普遍存在为资本主义提供了合法性，即资本通过消费来证明资本主义的平等神话，从而为资本主义增长提供合法性；第三，消费的“个性化”使人们好像得了“强迫症”，不停地通过消费获取精神的安宁感和实在感，这样，消费就不是满足实际需要的物品消费，而是追求精神升华的符号消费，因而是对消费者自己的消费。用仰海峰的话说，这就是商品“拜物教的回转”①。

吴兴明在对波德里亚的“消费社会”理论进行分析之后，强烈质疑现代消费社会的合法性，指出论证“消费社会”之合法性有两条理路：其一是立足于权力约法系统的规范性法理论证的理路；其二是传统批判理论的道路，即本真性的价值逻辑与经验分析的理路。前者基于“法的精神”的权力优先逻辑，也就是“程序正义”，对消费社会的种种“异化”现实采取宽容与默许的态度；后者坚持批判理论的立场，在对消费社会全面异化否定的基础上，质疑消费社会的合法性。此外，前者是资产阶级思想家的观点，后者是波德里亚批判消费社会的立场。② 这种观点的目的在于避免因为批判检视西方消费主义意识形态对中国的影响而妨碍引介西方先进的文化理论。

对于西方消费主义意识形态，朱其认为“在某种意义上，它已经取代了过去政治意义形态对于中国的影响”。而波德里亚理论“从一个全新的视角分析了高级资本主义的消费社会文化的意识形态本质”，因而“不仅有助于中国艺术的文化批评在方法论上得到借鉴和启发，更有助于其在后殖民意识形态方面加强分析的深度”。③

上面的种种认识显然是把“消费社会”作为一个意识形态的概念，并针对当下中国的社会现实，在意识形态的层面予以坚决否定。然而，这里的问题是，“消费社会”作为一个概念，其形成与其说是某种理论或意识形态的延展，不如说是现代科学技术的进步给当代西方社会带来的种种变

---

① 参阅仰海峰：《消费社会批判理论评析》，《长白学刊》2004 年第 3 期。

② 参阅吴兴明：《反思波德里亚：我们如何理解消费社会》，《四川大学学报》2006 年第 1 期。

③ 朱其：《鲍德里亚理论对于消费文化研究的意义》，《美术观察》2003 年第 12 期。

体个别器官的延伸，而是成为人的中枢神经系统的延伸，把人整合成一个统一的整体，使人重新成为感知整合的人、整体思维的人，也是整体把握世界的人。至此，媒介技术的进步造成的感知的分裂、人的“异化”，在电子媒介这个中枢神经系统的整合下又重回到了人类远古时代的童话世界——“地球村”。因此麦克卢汉从“抗拒技术”走到了“理解技术”，怀着对现代电子媒介技术进步的乐观态度，“展望未来时心潮激荡，充满信心”地拥抱着这个电子媒介盛行天下的时代。这种技术中心论的目的在于回答传媒技术的进步对社会交往和信息传播的影响，是一种传播学的技术主义观点。

波德里亚的技术哲学基于解释人类社会的发展问题，是对现代性的批判与拆解，其言述的背景始终没有离开西方马克思主义的批判视野。他既不承认自己是后现代理论者，也不承认自己是技术决定论者。对于现代传媒科技进步，与麦克卢汉的乐观态度不同，波德里亚从“抗拒技术”走到了“诅咒技术”。在《传播的迷狂》中，波德里亚把自己的学术概括为一个 DNA 的双螺旋结构，即“一个是朝向符号、拟像和模拟领域的螺旋，一个是在诱惑和死亡阴影下的可逆性的螺旋……一方面是政治经济学、生产、符码、体系和模拟，另一方面是夸富宴、花费、奉献、死亡、女性、诱惑，最后是宿命”①。围绕着现代资本主义的合法性，即现代性论题，这个“基因隐喻”显示的是波德里亚理论思考的两个视角：哲学、认识论的视角，政治经济学批判的视角。这两个视角共同阐释一个中心问题，即技术进步在资本的操纵下如何“异化”为一种社会发展的破坏力量。

具体说来，就政治经济学的批判视角而言，波德里亚认为，在消费社会中，资本与技术对立的结果就是资本与技术的双重死亡。在现代科技的推动下，当代资本主义在经历了前商品时期、商品时期和商品化时期后，步入了它的第四个阶段：“消费社会”时期。这时，社会秩序的主导方面从生产转向了消费，资本对人的“奴役”与“异化”也逐渐从物质生产领域转向符号生产领域，“商品的逻辑（符号）得到了普及，如今不仅支配着劳动进程和物质产品而且支配着整个文化、性欲、人际关系，以及个体的幻象和冲动。一切都由这一逻辑决定着，这不仅在于一切功能、一切需

---

① *The Ecstasy of Communication*, New York: Semiotext (e), 1988, p. 79.

求都被具体化、被操纵为利益的话语，而且在于一个更为深刻的方面，即一切都被戏剧化了，也就是说，被展现、挑动、编排为形象、符号和可消费的范型"①。

相对于商品生产时期的资本剥削，符号生产提供了一种更为精巧、更为高效的攫取财富的方法。对此，波德里亚总结道："消费世纪既然是资本符号下整个加速了生产力的进程的历史结果，那么它也是彻底异化的世纪。"②

但是，正如我们前面说过的，消费社会的商品逻辑与其说是资本主义自身的演进，不如说是应对无限发展的科学技术的一种策略。在此，资本本质上始终是社会进步的"异化"力量，而消费社会作为资本主义的意识形态不过是资本攫取财富的本性与技术进步这两种异质力量协调的产物。但是，资本与技术的对立本性无法改变，资本主义的意识形态也不可能无限地与技术进步取得协调。"技术发展在一段英雄时期之后，就停滞于幻象所要求的自动化和无用发明，繁缀累饰，如果说技术并没有理性地去追寻它的 happy ending，那是因为商业逻辑的扭曲作用（如马克思主义者所想），还是因为人心深处并不要求如此看待技术？如果在那代表科技卓越的机器人身上，人却不断地去想象它的反叛与自毁，是否那是因为人也暗中知道那是他的死亡本能的化身和投射？这个问题等于终结地去问人基本上是理性的或非理性，而答案如果是后者，那么强去要求物品走上理性之路，本身是否是另一个更隐含莫测之物的征兆？"③ 由此，技术发展的非理性或者人类技术追求的非理性最终必将摧毁消费社会的基本逻辑这一物品体系。于是，为了这个体系的存在，要么限制技术发展，要么使技术发展非理性地纳入消费社会的物品体系之中。然而这两者又都是不可能的，因此，不论是消费社会的物品体系，还是技术发展的非理性，在资本与技术的冲突中，必将走向死亡与自毁，这就是消费社会的宿命，也是资本主义

① ［法］波德里亚著，刘成富、全志钢译：《消费社会》，南京：南京大学出版社 2000 年版，第 225 页。

② ［法］波德里亚著，刘成富、全志钢译：《消费社会》，南京：南京大学出版社 2000 年版，第 225 页。

③ 林志明：《译后记：一个阅读》，［法］波德里亚著，林志明译：《物体系》，上海：上海人民出版社 2001 年版，第 252 页。

现代性的宿命。

在此，波德里亚“技术悲观主义”或者“媒介恐怖主义”不是一般意义上的反技术或者反媒介的观点，其实质乃是资本对技术的异化，它表明在现代社会的资本控制下，由于消费社会的商品逻辑，技术进步或者媒介进步等原本造福于人类社会的力量被“扭曲”、“异化”成为从“水晶复仇”到“完美罪行”的致命力量。更进一步地说，波德里亚对资本主义社会技术异化的批判从物的领域深入到符号领域，相对于以往的技术理性批判是巨大的进步，“它深刻揭示了在现代技术社会中，资本主义的异化程度已经从实物的或商品的领域深入到了非实物的符号的领域”；“现代科学技术的发展，使资本主义的异化在不断地变化和加深：从物品层次进入到精神的层次”。[①] 这就是王岳川所谓当代资本主义消费社会精神生态面临困境的根源。

波德里亚“消费社会”理论推进了对资本“异化”本性的批判。在卓别林时代，技术对人的异化主要体现在对人的身体“折磨”，进而扭曲人性，但是在精神层面，主体的人仍然保留了自己的精神家园；人作为生活世界的主体，还是一个大写的“人”。而在波德里亚时代，消费社会的“丰盛筵宴”，由于高科技的无限推动，已经从原来的物品过剩时代进入到信息爆炸或信息过剩的时代；技术的异化，不再表现为对身体的“摧残”，而是表现为感官、欲望的最大化满足，表现为一种“致命的诱惑”。资本操纵下的技术异化从折磨身体实现对人性的奴役与异化转向骗过身体直接消解人的精神，人们在电视广告提供的物品符号、电视媒体制造的美轮美奂的影像世界的沉醉和麻痹中彻底失去了自己的精神家园。在此，精神层面的异化是更高级、更深层的异化，而这正是波德里亚的“消费社会”理论比以往的“消费社会”理论更深刻之处。

就哲学、认识论的角度而言，当代大众传媒科技日新月异，使人类认识世界的能力达到了空前的高度，也使现代电子媒介所制造的影像世界惟妙惟肖，足以以假乱真。然而，现代大众传媒科技提供的种种卓越的认知能力，在消费社会时代，却使人们面临着表征危机，“传统美学趣味和深

---

① 孔明安：《从物的消费到符号消费——鲍德里亚的消费文化理论研究》，《哲学研究》2002 年第 11 期。

度的消失使得‘表征紊乱’成为时代的症结，本能欲望的满足和怂恿成为消费时代的焦虑”①。传媒科技被异化为资本的奴仆，传媒科技的价值不在于它所拥有的超出人类感觉器官制造、整合、传输信息的能力，以及如何美化或者丰富我们的生活，而在于它成为资本攫取财富的手段。所不同的是，在消费社会里，技术的这种命运从物质生产领域转到了符号生产领域。在现代传媒科技这个“仿真机器”的推动下，人类社会的符号生产，从仿造、复制走向类象。在这个为新而新的大众传媒时代，到处都充斥着类象、幻影，资本主义再生产驱动下的不断加快的符号生产所导致的“信息激增”使资本主义社会全面走向“内爆”：现实与影像、真实与谎言、技术与艺术、高雅文化与通俗文化、理性与非理性、信息的扩张与信息的误读、崇高与庸俗、道德与非道德、政治与非政治、主体与非主体等的界限趋于消解。在此，波德里亚所陈述的仿如消费社会技术进步的“世纪末噩梦”。

可见，波德里亚并不反对海德格尔的技术哲学，他所要陈述的是，消费社会时代被资本“异化”了的技术如何影响社会发展以及人们的生活方式、审美观念、伦理道德。同样地，波德里亚并非不能“理解技术”，其所不同于麦克卢汉的是，他看到在消费社会资本逻辑的操纵之下，“理解技术”的迷梦在资本驱动下的信息激增中“内爆”，从而“理解技术”就像象征派诗歌、现代派艺术和乔伊斯一样成为望而不及的奢侈。电子媒介时代重返部落化的人类社会已经无法重现象征性交换的和谐时代。而经过电子媒介的“内爆”，麦克卢汉所预设的那个“地球村”只能成为一个没有等差、没有秩序、没有意义的，碎片化的，噪音化的混沌世界。

于是，资本主义意识形态的“幽灵”使得当今世界技术进步不再通过服务于社会的生产来创造更多的物质财富，反而日益脱离社会的生产领域，并逐渐转向消费领域。技术进步不再致力于生产社会的使用价值，而专心于社会符号价值的生产，从而赤裸裸地充当资本主义意识形态的制造者。

总之，波德里亚“消费社会”理论的第一个解释范式是对消费社会意

---

① 王岳川：《消费社会中的精神生态困境——博德里亚后现代消费社会理论研究》，《北京大学学报》（哲学社会科学版）2002 年第 4 期，第 37 页。

低俗之风盛行。

文学的这种颠覆性变化对文学理论和文学批评产生了巨大的震动，文艺学、美学陷入深深的焦虑与困惑中。面对这些颠覆性的文学文本，传统的美学、文学理论集体陷入“失语症”，文学边界的移位和消失，传统文学创作日益萧条，文学市场日渐萎缩，“纯文学”在整个流行文化面前遭受空前的冷落。于是，“文学终结论”、“艺术消亡论”、“日常生活审美化和审美生活化”甚嚣尘上。人们惊呼：“文学怎么了?”“文学哪去了?”甚至喊出“拿什么拯救你，我的文学”的口号。美国人米勒来华时直接宣称：“文学研究的时代已经过去了，再也不会出现这样一个时代——为了文学自身的目的，撇开理论的和政治方面的思考而单纯去研究文学。那样做不合时宜。我非常怀疑文学研究是否还会逢时，或者还会不会有繁荣的时期。”①

面对种种来自市场和商业方面的冲击，文学界提出了解决方案，如文学研究与文化研究之区分、精英文学与大众文学之区分、文学泛化论、文学观念更新论等。坚守文学自主性的学者对这些现象进行了坚决的批判与抵制，呼吁“面对文学生产的低俗之风，真正的文学创作者要自觉抵抗，即便在市场经济的商品化逻辑面前，文学创作者也不能为了自己的‘小康’，文学生产也不能仅仅为了畅销、利润，而置底层民众的苦难、困境、社会不公、正义的扭曲、环境污染、生态失衡等‘非喜剧因素’于不顾……文学生产者更不能将自己的、作品的灵魂卖给魔鬼，接受市场魔法的支配”②。当然，也有学者对文学在20世纪90年代以来的变化持基本肯定态度，认为“那种对大众文学在中国存在的合理性质疑的理由之一就是，这些身体写作、私人写作只注重感性肉欲的狂欢，认为它们在身体欲望的张扬中丧失了对人类价值的关心、对形而上的思考。这是一种明显的知识分子叙事”。人性的坚守可以通过两种立场来解决：一个是理性的启蒙；“另一个就是强调感性的肉体化、欲望化，这部分人往往充当时代的

① ［美］J. 亨利斯·米勒：《全球化电信时代文学研究的命运》，王宁：《全球化与文化：西方与中国》，北京：北京大学出版社2002年版。

② 范玉刚：《消费主义时代文学何为——对当下文学现象的一种批评》，《当代文坛》2005年第3期。

逆臣贼子，有开风气之先之功”[1]。

人们不禁要问，消费社会、消费文化究竟能给我们带来什么？

“消费社会”概念是随着西方后现代思潮进入中国的，但它产生巨大影响却是在与中国20世纪90年代以来种种社会现实的互文互释中。中国知识界引介西方学术思想的目的，除了扩大国人的眼界之外，还想利用引介来的“洋理论”解释中国当下发生的事情。这是一种落后者心态。但是，不可否认，的确有不少“洋理论”曾准确解释了中国的历史现实，并且，当中的一些“洋理论”经过在中国的游历，渐渐地中国化，最终成为中国思想文化的一部分。

应该说，在中国，消费社会及消费主义成为“显贵”是由于中国现实社会的历史发展状况。就文学界来说，消费社会被摆上桌面的根本原因是20世纪90年代以来，文学创作、文学理论、文学批评所发生的颠覆性的变迁。利用西方的理论资源来解决这些不断涌现的文学另类、不断滋生的理论困惑，成为一种简便而高效的“理论策略”。例如，有学者使用布尔迪厄的“文化资本”和“文学场”概念分析、解释当下中国文学生产受到市场和商品逻辑干涉的问题。[2]

就波德里亚的“消费社会”理论而言，把它作为一个理论来源的目的无非是借以证明当代中国社会或已进入消费社会，或根本不是消费社会，其最终目的还是要为当下文学的种种标新立异的越界行为寻找合法性，或者得到一个否定、批判它的更为有力的理论工具。

所以，“如何理解消费社会在今天决不仅仅是一个某某理论如何继承、发扬的问题。实际上它几乎成了人文学确立自身言路的现实语境”[3]。

“消费社会”概念并非是波德里亚的发明，也不是随着波德里亚的理论才传入中国的。文学界当初提出中国社会进入消费社会，或者局部进入消费社会，或已经具备了消费社会的种种特征等问题，是为20世纪90年

① 肖建华、肖明华：《试论消费社会的文学走向——为宁逸先生一辩》，《青年思想家》2004年第2期。

② 参阅邵燕君：《倾斜的文学场——当代文学生产机制的市场化转型》，南京：江苏人民出版社2003年版。

③ 吴兴明：《反思波德里亚：我们如何理解消费社会》，《四川大学学报》2006年第1期。

代以来文学创作的变化——市场或商业逻辑对文学生产的强力介入——寻找一个理论的支点。

21世纪伊始，视觉文化就引起了哲学、文艺学、美学、社会学研究者们的兴趣。对文学界来说，“视觉文化时代的来临，意义是极其深远的。一方面，它宣告了语言和印刷文化中心地位的衰落。传统的建立在印刷媒介基础上的文化权威，在视觉文化中的地位相对地贬值了，他们不再是文化符号的唯一生产者，而且他们传统的看家本领在当代视觉形象、影像的营造和创意方面，也失去了优势。另一方面……视觉文化的来临，也意味着大众把握世界的方式将发生一个根本的转折，即由依赖于亲身经历和语言向依赖于视觉、影像、形象等转变”①。而“视觉文化研究”则成为中国文学摆脱当下发展困境的一个解释策略。

“视觉文化”概念来源于西方，其基本的含义是形象或影像占据了我们文化的主导地位。西方学者巴拉兹早在1913年就提出了“视觉文化”的概念，希望借以说明印刷术的出现曾使人们的视觉作用渐渐衰落；而随着电影的出现，视觉文化获得新生，并将取代印刷文化。《第三次浪潮》的作者阿尔文·托夫勒曾提出，人类社会将出现三种文盲：文字文化文盲、计算机文化文盲和视觉文化文盲。社会学家贝尔认为当代文化正逐渐成为视觉文化，而不是印刷文化。媒介理论家麦克卢汉在考察新兴的电子媒介对当代社会的影响时，甚至认为西方世界始终“一门心思对现实采取视觉取向”，或者说，从口传文化、印刷文化到现代的电子文化的发展过程就是一个视觉偏向（Visual Bias）不断加强的过程。例如，与巴拉兹认为印刷术的出现造成人们的视觉作用逐渐衰落的看法不同，麦克卢汉认为印刷术的出现给西方世界的人们带来的心理变化之一恰是“导致他们对知识视像化的倚重”②。

视觉文化与消费社会有着内在的联系。就西方发达资本主义社会来说，“消费社会”理论流行于20世纪六七十年代。其中心理念就是社会形态从以生产为中心的模式向以消费为中心的模式转变。在社会的大众传播

---

① 陈立旭：《现代传媒变革与文化革命》，来源于“文化研究网”。

② 参阅［加］菲利普·马尔尚著，何道宽译：《麦克卢汉：媒介及信使》，北京：中国人民大学出版社2003年版，第168～170页。

领域，公众作为“信息接受者”的概念开始让位于“信息消费者”的概念。这是一个“意义”接受向“感官”享受转变的过程，视觉因素作为一个不可避免的趋势凸显出来。[①] 而“电影、电视、摄影等媒介的机械性复制以及商品化的大规模生产，这一切都构筑了‘仿像社会’。在这个‘仿像社会’中，我们看到了消费社会作为一个巨大的背景，将形象推至文化的前台这样的历史过程”[②]。就中国当下的社会现实，孟建认为，视觉文化在今天的发展显然与消费社会有着密切的关系。甚至，可以认为“消费社会构筑了产生视觉文化的温床”[③]，“在消费社会，文化叙事与视觉艺术的各种手段被用于消费意识形态的构造。……仿像文化在消费社会实际上已经主宰了我们的生存意义和意识形态”。因此，“鲍德里亚的仿像理论对于文化的视觉研究具有很重要的方法论意义”[④]。

波德里亚的“消费社会”理论被用来解释当代中国文学面临的困境，并产生广泛影响，是在2001年《消费社会》中译本出版以后。有一个事实可以看出波德里亚这本1970年出版的、他的第二部学术著作来到中国所产生的影响：金元浦和许钧分别撰文评论了《消费社会》。金元浦认为消费神话的降临“意味着一次价值意识形态的重构”[⑤]。许钧则认为，波德里亚的《消费社会》对“消费社会”这个神话进行了深刻的剖析与批判。[⑥] 王岳川撰文指出波德里亚《消费社会》的社会文化分析，给当代精神失重的人们亮出了另一种价值尺度，并为人类走出消费社会和消费主义的阴影，重建精神生态的平衡系统作出了前沿性的学术思考。[⑦]

---

① 参阅孟建：《论影像文化传播——兼议后影像文化传播的兴起》。该文为2002年6月两岸暨香港影视媒介发展研讨会论文。

② ［美］詹明信著，张旭东编，陈清侨译：《晚期资本主义的文化逻辑》，北京：生活·读书·新知三联书店1997年版，第37页。

③ 孟建：《视觉文化传播时代的来临》，来源于“视觉空间网”。本文为孟建在2002年12月14日上海首届数字艺术节演讲的全文。

④ 朱其：《鲍德里亚理论对于消费文化研究的意义》，《美术观察》2003年第12期。

⑤ 金元浦：《消费是当代社会的神话》，《中华读书商报》，2001年6月7日。

⑥ 许钧：《对神话的批判——关于〈消费社会〉》，《中华读书报》，2000年12月11日。

⑦ 王岳川：《消费社会的身体策略——评鲍德里亚的〈消费社会〉》，《深圳商报》，2003年12月13日。

与西方后现代理论家不同，波德里亚的“消费社会”理论指向的是当代西方大众传播媒介，主要是电子媒介大规模蔓延的西方社会。它继承了西方“消费社会”概念一贯的内涵，但是，它与以往的西方“消费社会”理论不同：

（1）主导消费社会的生产逻辑被符号生产逻辑所替代。消费社会于是变成一个虚拟需要、虚拟生产、虚拟消费的社会，成为一个“消费符号”的社会。

（2）大众传媒是消费社会的符号生产者，是消费社会的“仿真机器”，在消费社会里居于主导地位。而大众传播媒介技术的最新成就是图像的制造、传输、合成技术的迅猛发展，视觉叙事已成为现实，消费社会成为一个拟像主宰的社会。

波德里亚“消费社会”理论的核心观点是“虚拟现实”和“大众传播媒介是仿真机器”，这也是中国视觉文化研究的重要的理论来源。例如，周宪在分析“视觉文化”概念的理论范式时，曾把波德里亚有关消费社会的虚拟社会理论作为视觉文化的理论来源之一。[①] 波德里亚的媒介批评理论曾把符号与现实的关系分为四类：符号反映现实；符号掩盖现实；符号掩盖了现实的不在场；符号与现实无关。周宪认为当代社会本质上是一个“虚拟的社会”，在这样的社会里，影像生产是没有原本的模拟和复制，也就是波德里亚所谓的“拟像”，“拟像”生产是当代视觉文化最重要的特征。

人类社会的影像生产经历了从古代社会的摹仿，到工业社会的机械复制，再到目前所谓的后工业时代的电子图像技术过程。

当代消费文化何以发生视觉化转向？一般的解释不外乎两点：其一，现代大众传播媒介的影像生产（摄像机）、传输（因特网、传真机）、复制（复印机）、在不同媒介之间的转换（打印机、扫描仪），以及影像的存储与播放等技术达到了前所未有的高度。这为视觉传达和视觉表达提供了现实的物质基础。其二，视觉文化转向的最主要特征是以图像主因型的文化替代语言文字主因型的文化。对于摹仿自然物（绘画）或复制自然物（摄影和照相术）来说，语言文字也通过文字描述提供颇具形象感的想象画

① 周宪：《视觉文化语境中的电影》，《电影艺术》2001 年第 2 期。

面。在这方面，视觉图像与语言文字就表现力而言，各有千秋。但是，语言的能指与所指随意对位，可以实现分离以及语言的组合、聚合功能，使语言在意义生成方面得天独厚。

然而，随着图像合成技术日益完善，图像的拟像化越来越普遍，图像制作也实现了能指与所指的分离，拥有了图像的组合、聚合功能，使图像生成成为可能。这是图像对于语言文字的全面胜利。就视觉文化的转向，周宪拟出了四个原因：①从语言主因型文化向图像主因型转变；②消费社会及其快感文化的形成；③景象社会的到来；④虚拟现实的实现。[①] 这是带有总结性质的归纳，但是，由此也可以清晰地看出其理论基础在很大程度上得益于波德里亚的媒介批评理论。

因此，反文字时代的到来并非语言研究导致的结果，而是大众传媒科技迅猛发展的必然产物。事实上，现代消费社会就是一个"媒介化社会"，消费主义和现代传媒科技是它的两个"宠儿"。波德里亚"拟像"理论的背景就是电子媒介日益盛行的当代社会，以及由此形成的人们观看世界的独特方式。"拟像"理论"一方面发现了长期被人们忽视的'观看'的重要性；另一方面又揭示了当代社会人们观看世界的特殊形态"[②]。这就是当代消费社会文化视觉化转向的理论基础。而视觉文化正是当今消费文化的基本特征，也是消费文化未来的发展方向。但是，在这个反文字时代，艺术和非文字艺术都受到了前所未有的挑战。艺术的本质之一是想象，而反文字时代的最大特征却是反想象，即事物本身替代了艺术产品。因此，大众传媒科技发展引发的"视觉转向"，不仅严重挤压了文学，而且也影响了更为广义的艺术，使艺术的定义面临不断被改写的窘境。这正是读图时代的艺术始终无法摆脱的矛盾。

"消费社会"作为波德里亚思想理论体系中的核心概念，涵盖了波德里亚对当代西方资本主义社会的全部认识，也寄寓了波德里亚对当下资本主义社会的种种忧虑和批判。在当下的中国思想文化界，关于"消费时代的消费文化"的话题成为热点，波德里亚"消费社会"理论的身影也随处可见，因此无法否认波德里亚的"消费社会"理论在中国当代社会各层面，尤其是在文化艺术层面产生的冲击与启示。

---

① 周宪：《视觉文化的来临》，《南京大学学报》2003 年第 28 期。

② 冯俊等：《后现代主义哲学讲演录》，北京：商务印书馆 2003 年版，第 560 页。

第四章

类象、超真实、内爆的中国化

类象（Simulacrum）、超真实（Hyperreality）、内爆（Implosion）是波德里亚理论关于现代资本主义大众传播媒介内在机制的三个核心概念。在波德里亚的理论体系中，如果说消费社会被视作资本主义的第四阶段而成为波德里亚理论质问的主要对象，那么，通过类象、超真实、内爆解释的现代大众传媒的内在机制就是理解“消费社会”的主要路径之一。

第一节　类象与仿真、内爆与超真实的一个概述

对于中国学者来说，类象与仿真是一对被借用最多、也最容易引起混乱的概念。在波德里亚的理论链条上，这两个概念是分析当代资本主义社会象征性交换活动逐渐消失，消费社会整个价值体系趋于总崩溃的重要概念。在这个意义上，类象和仿真成为波德里亚媒介理论的核心概念。而对波德里亚理论思想的理解，歧义最多的也是这两个概念。

这两个概念之所以歧义较大，是由于在《象征交换与死亡》里，波德里亚就真实到超真实的变化，拟出了一个类象三序列（仿造、生产、类象）。而与此相关的《拟像与仿真》一书中，在叙述仿真与表征的对位生成时，波德里亚拟出了一个关于“形象”的承递四阶段（真实、掩盖真实、掩盖缺席、类象）。三序列与四阶段的相互缠绕，令人困惑难解。

在对其进行梳理之前，有必要先对波德里亚的总的理论视角作个交代。波德里亚的理论意识始终存在两个基本理路：一是认识论意义上的真实与再现的关系，也就是他所说的西方全部信念的筹码——表征问题。这是认识论的视角。二是政治经济学的批判模式，即以技术进步及其带来的类象生产的进步作为决定社会形态的界划标准，从而取代了马克思政治经济学的社会经济力量作为社会形态界划的标准，这是一种技术决定论的视角。

把这样的两个理论视角交织在同一个理论体系内的直接“效果”是对类象与仿真、内爆与超真实这些重要概念往往有两套解释理路，这给理解带来混乱。

一、认识论视域下的类象

波德里亚认为西方世界的全部知识体系都押在这个表征体系上。波德里亚说："西方的全部思想和善的信念都押在'表征'这一概念上。也就是说，一个符号可以指向一个深层的意义，一个符号是可以与意义进行交换，并且这一交换可以得到保证。"[①] 同时，他也看到媒体科技的革命对传统表征的冲击，"特别是电子媒介技术的发展，使我们周围的世界之间，就不再是观念和实在世界的关系问题，而是涉及实在的消退和消隐问题"。与海德格尔从存在角度探讨技术进步对传统表征问题的反叛不同，波德里亚是"从现代技术的仿真和虚像的角度来对传统表征问题进行追问和摧毁"[②]。

波德里亚在说明当代西方社会的非表征性（Non-representation）（有人译为非再现）时使用了类象（有人译为拟像）概念，Simulacra 为其英文的复数形式。

何谓类象？这一概念可以追溯到西方文化之古希腊的摇篮时期。这一概念和古希腊时期的模拟（仿真）与摹仿（表征）之争又有密切的关系。

按照高宣扬的考证[③]，类象原本的希腊文是 Eidolon，其原意一方面表示图像（再现），另一方面又表示仿真（模拟）。Eidolon 来自两个词：表示"面向"、"形式"的 Eidos 以及表示"类似"或"相像"的 Eikon。这两个词都可以用来表示某种事物的"形象"或者"表征"，因此经常被混用。就使用情况看，哲学家留基伯（500B. C. —?）和德谟克利特（460—370B. C. ）曾经用 Eidolon 表示物质世界的形式复本以及由我们的感官所接受的某种知觉形式。柏拉图在《理想国》中用 Eikones 表示感官世界中所发生的"阴影"（Skiai）和"幻影"（Phantasmata），它们都是感性知觉

---

① Jean Baudrillard, *Simulacra and Simulations*, Ann Arbor: The University of Michigan Press, 1994, p. 5.

② 孔明安：《技术、虚像与形而上学的命运——鲍德里亚对形而上学问题的哲学反思》，《哲学动态》2002 年第 10 期。

③ 参阅冯俊等：《后现代主义哲学讲演录》，北京：商务印书馆 2003 年版，第 558 页。

（Eikasia）的对象。而在《智者篇》中，区分了两种 Eidola：一种是幻影（Phantasmata），它并不与原本相符；另一种是摹本（Eikones），即类似于“原本”的副本。随后，柏拉图通过智者与埃利亚来的客人的对话，讨论了 Eidola 的意指幻影的问题。既然 Eidola 是非存在的，那么什么是存在的呢？讨论的结果是，埃利亚来的客人承认非存在是一种存在，而存在也是一种非存在。柏拉图的这段著名对话实际上讨论了 Eidola（幻影）与 Eikones（摹本）的矛盾关系。在这里，我们可以看到“类象”（Eidolon）概念最初的矛盾性：既是摹仿的（摹本），又是模拟的（幻影）。

古希腊后期的伊壁鸠鲁学派，在说明神的幻影时，把类象作为模拟的对象，以说明宗教中神的信念是人们杜撰出来的关于具体事物的各种虚幻阴影的事实。

由此看来，“类象”的词源学本意包含两个意思：忠实于摹本的表征，没有摹本、凭空杜撰的拟像。

对物质世界的认知，柏拉图曾有一个“理式说”，也认为世界本分为三层，即上帝的世界、自然的世界和人造的世界。三者之间，上帝的世界是原本就有的世界，是世界之所以为世界的世界，自然的世界依照上帝的世界，人造的世界来源于自然的世界。后面的世界只能部分分享上一层世界的本真，而不可能完全等同于上一层世界。只有上帝是谓真，人只能印证真而不可能成为真本身。这就是柏拉图的表征体系。这个体系规定了人、自然、上帝之间的摹仿关系。

与表征相对应的，在柏拉图看来，是一种仿真（模拟）体系。人、自然、上帝之间是仿真（模拟）的关系，这是一种矫饰的、虚假的摹仿，不可能分得上帝的真，是一个永远的不真。在《理想国》中，这两个体系构成了柏拉图驱逐诗人的两大理由：其一，诗人摹仿自然的诗与真理相隔三层，因此与其求教于诗人，不如直接求教诗人摹仿的对象；其二，诗人模拟自然，总是怀有私心的，总说假话，这把上帝说得像人一样坏，充满了情欲与恶习，结果使人们善恶难辨、美丑不分。而这一切都是由于诗人模拟自然或上帝的原因。因此，在古希腊时期，摹仿（表征）与模拟（仿真）是对立的两个概念。再现的目标是原本，在于分享真；而模拟的目的与真无关，在于被认为是真，从而取代真。前者通向的是真理；后者则必将导向虚假与谬误。

所以，对于真理、世界、自然、人及其知觉的言述，可以有两种选择：Representation 或 Simulation。其中，再现相当于感官世界中所发生的“阴影”（Skiai），虽然与真理相隔三层，但它毕竟还是指向真的；模拟相当于感官世界中所发生的“幻影”，是背向真的，代表着邪恶与私心。而“阴影”与“幻影”的对立也就是后来的形象与类象的相互对立。

然而，对于与真无关的、虚幻的、不说真话的“类象”，柏拉图并不是一概否定，他也看到了“类象”这种“非存在”的存在理由，并在《智者篇》里对这个问题作了讨论。这个讨论是由埃利亚来的客人与智者讨论“何谓非存在”引起的。埃利亚来的客人说智者只会制造“幻象”这一类“非存在”。智者反问：“何谓‘幻象’？”埃利亚客人回答说：“镜中或水中的映像以及刻画和画像，统统都是模仿真事物的摹本”；“他们不是真事物，只是类似真事物的；它们不是真的存在，却是一种好像是真的存在”。[①] 在此，柏拉图要证明的是“非存在”也是一种“存在”，或者“存在”也是一种“非存在”。这显然是一个假命题，因为前面已经非常清楚地表明不存在的“幻象”本身仅是存在的一种“幻影”，是存在的“类象”。这个非存在的“类象”有它存在的理由，即存在只有通过非存在的形式，才能将“不可说”的东西说出来。所以，柏拉图反对巴门尼德对非存在的绝对否定，是因为看到“人类要谈论与自身密切相关的客观对象，但又无法在谈论时将对象实实在在地拿来拿去或随人的言论而调动他们……只好借助语言或类似于语言的各种符号来指其所谈论的对象”[②]。但是，柏拉图又说：“要承认非存在是一种存在，而存在也是一种非存在。我们似乎必须冒这个险。”[③] 在此，柏拉图道出了他的一个担心：“非存在”成为“存在”的替代物，把语言、符号这类“非存在”当作真正的“存在物”来对待，如此一来，“替代物往往冒充为被替代的东西，甚至‘喧宾夺主’地声称替代物‘优越于’被替代物，将各种类似语言的符号当成

---

① 参阅［古希腊］柏拉图著，王晓朝译：《柏拉图全集》（第二卷），北京：人民出版 2002 年版。

② 冯俊等：《后现代主义哲学讲演录》，北京：商务印书馆 2003 年版，第 559 页。

③ 参阅［古希腊］柏拉图著，王晓朝译：《柏拉图全集》（第二卷），北京：人民出版社 2002 年版。

'真理'的象征"①，结果反而毁灭了人类的认知。这就是柏拉图对"拟像"的矛盾态度，也正是由于此，他才说："我们似乎必须冒这个危险。"

二、认识论视域下的仿真

西方传统的形而上学始终怀有一种探求思维如何能够达到"真"（Truth）的情结。例如柏拉图在否定摹仿性艺术的时候，并不是一般地否定摹仿性艺术，而是依据对待真理的态度，将诗人分成第一等的"爱智慧者，爱美者，诗神和爱神的顶礼者"和第六等的专事摹仿的诗人。摹仿性艺术也因此被分为专心向真和以摹仿蛊惑人心两种。

这个观点引出了两种相对立的对待"真"的态度：一种是"表征"，如柏拉图所说的"凭临美的汪洋大海，凝神观照"，怀着虔诚、敬畏的心思，以期获得"丰富"的哲学收获，至少可能分享"真"的光辉；另一种是"仿真"，如以摹仿术和诡辩术骗人耳目。与之相应的，也有两种相对立的对待"自然"的态度：一种是准确重现自然的"再现"；另一种就是用矫饰术蒙骗视听的"模拟"。通过"再现"得到的"形象"就是"Image"，即自然在人的头脑中的"投影"；而由"模拟"得到的"形象"就是"类象"。

波德里亚认为，在人类认知自然、获取真理的过程中，始终交织着这两种态度的此消彼长。随着人类智慧的增长，这两种态度呈现出反向的衰减与高涨的态势："表征"的最大化时期是原始社会，那时的人面对询问，从不说谎，也不会说谎；"模拟"的最大化时期是当今电子传媒盛行的虚拟时代，在这个时代，"弄虚作假"成了有组织的、合法的、大规模的社会行为。"表征"和"模拟"同轴相反的发展模式构成了波德里亚理论双链并置的DNA双螺旋结构，而"表征"和"模拟"是它的"始基"。

在《拟像与仿真》（1981）里，波德里亚分析了"模拟"与"再现"的区别。有而示之没有谓之"佯装"；没有而示之有谓之"假装"。"模拟"就是没有而假装有。他以"装病"为例：一个人假装有病，如果只躺在床上谎称有病，医生会比较容易诊断出来。然而，如果这个人的身上模

① 冯俊等：《后现代主义哲学讲演录》，北京：商务印书馆2003年版，第559页。

拟出了与生病相同的症状，这时，医生就无法诊断有病还是没病。因为，无论假装还是掩饰都没有践踏真实的原则，而在模拟那里，真实与虚假的界限没有了，无法判断是真是假，至此，医学也失去了它的意义。

因此，模拟是对真实的破坏，是一个打着真实口号的造假行为，是对表征的颠覆与嘲弄。

由此，我们可以归纳出波德里亚关于“形象”的承递四阶段：[①] ①它是对某种基本真实的反映；②它掩盖和篡改某种基本真实；③它掩盖某种基本真实的缺席；④它与任何真实都没有联系，纯粹是自身的拟像。

下面是一个“模拟”与“表征”的对位关系式。“再现的起点是符号与真实对等的原则（哪怕是乌托邦式的，他也是一个根本的公理），而模拟则始于这一对等原则的乌托邦形式，始于坚决否认符号是价值，始于作为所有指涉的逆反和死亡的符号。再现竭力吸收仿真，把仿真阐释为虚假的再现，而仿真则把整个再现大厦包裹起来，成为一个拟像。”[②]

在“形象”的承递四阶段序列里，实际上也存在着“模拟”和“再现”两条理论链：一条是模拟的，沿着反映真实、掩盖真实、掩盖缺席、形成类象的方向，从初级到高级的递升层级，类象是模拟的最高阶段；另一条是再现的，沿着反映真实、掩盖真实、掩盖缺席、形成类象的方向，从高级到崩溃的递减，类象就是表征的陷落。与波德里亚的理论总链条相似，“形象”的承递四阶段里也是一个由“仿真”和“表征”纽结组合的，“仿真”和“表征”沿着两个不同的方向变化的DNA双螺旋理论链。

沿着“形象”承递四阶段的方向所展示的是“仿真”与“表征”的完全对立，而“仿真”对“表征”彻底摧毁的结果是不再有表征。这是一幅“表征”彻底走向死亡的景观：“我们生活在一个信息愈多，而意义则愈加匮乏的世界中……信息吞噬了自身的内容，它阻断了交流，淹没了社会……信息把社会消解为一种雾状的、难以辨认的状态。由此导致了不是更多的创新，相反是全部的熵。因此，大众媒体不是社会的生产者，而是

---

① 参阅［法］波德里亚：《仿真与拟像》，汪民安、陈永国、马海良等主编：《后现代性哲学话语：从福柯到赛义德》，杭州：浙江人民出版社2000年版，第329～345页。

② 参阅［法］波德里亚：《仿真与拟像》，汪民安、陈永国、马海良等主编：《后现代性哲学话语：从福柯到赛义德》，杭州：浙江人民出版社2000年版，第329～345页。

大众社会的内爆。这只是符号微观层次上的意义内爆在宏观上的扩大。"[①] 而导致这一"灾变"的就是人类不可遏制的技术追求。作为技术决定论者，波德里亚把决定人类历史以及文明进步的力量归之于技术进步，但是当代传媒科技的革命带来的内爆效应却俨然成为传统表征观念的终结者，人类对文明的追求走到了文明的反面。这正是现代资本主义消费社会"表征危机"的宿命，也是资本异化时代技术进步的悲剧。波德里亚的确是一位技术决定主义论者，他把人类社会的发展仅仅归结为技术进步，也的确是片面的，并且隐含、导向一个极端的、错误的结论。然而，正是这种技术中心主义，使他把社会发展归因于物质的力量而与马克思主义的唯物史观保持了某种接近，尽管他夸大和扭曲了技术在社会发展中的作用。波德里亚对技术的种种灾难性的预言并不说明他就是技术否定主义者，而且，他所要揭示的不是技术本身，而是资本对技术异化的宿命，也就是作为赚钱工具的资本，其异化本性的宿命。这一点是波德里亚的技术哲学与海德格尔、麦克卢汉根本不同的地方，也是我们理解波德里亚"表征危机"所必须认识到的。

在波德里亚的理论里，"仿真"与"表征"的发展史成为界划社会发展更替和社会发展阶段的标尺。与马克思主义那种通过生产力决定生产关系的社会组织形式界划社会发展阶段的政治经济学不同，波德里亚认为："控制操作性、发生学代码、随机变异性、不确定性原理，这一切取代了决定论和客观论者的科学，亦即历史和意识的辩证法。""你不可能用终极性击败随机性，不可能用觉悟或辩证的超越击败程序化的弥散，不可能用政治经济学或'革命'抵挡代码"，因而，"现在调控社会的不是现实原则，而是仿真原则"。[②] 于是，社会发展阶段便由技术进步推动的不同的类象生成方式所决定，简言之，不同类象生成方式决定社会发展的不同阶段。

---

① Jean Baudrillard, *Simulacra and Simulations*, Ann Arbor: The University of Michigan Press, 1994, p. 5.

② [法] 波德里亚著，马海良译：《象征交换与死亡》，《外国文学》2000 年第 2 期，第 54 页。

三、类象与仿真、内爆与超真实

波德里亚的“类象”概念之所以难理解，其原因之一是生产“类象”的“Simulation”除了译作“模拟”之外，还能译作“仿真”。在波德里亚的理论中，“仿真”一词源自现代数字仿真技术的概念。波德里亚认为，从技术角度看：一个摹仿物形成有三种情况：①直接摹仿对象，即仿造。其产品每一个都不同，它们的身份需要通过与原件的对比来确认。②通过一个“模型”或“草图”摹仿对象，即“复制”，或称“模拟”。这时，每个产品和原件相比都是一样的，那么，确认它们的身份就不是通过与原件的对比，而是借由产品之间比较。例如，时间、产地。③“仿真”概念出现在第三个阶段。在数字仿真技术里，摹仿物通过数字编码摹仿对象。这种方法的颠覆性在于，摹仿者既不是摹仿自然存在的原物，也不是摹仿“模型”或“草图”，当原件与摹仿物之间通过由0和1组成的数字符连接的时候，现实及其表征之间存在的几乎是无法察觉的“无限小的偶然差异”①，于是，要区分客体和符号，区分能指与所指，以及区分客观现实和技术干预的结果就变得不可能了。而且，这种摹仿变得可逆了，也就是说，原件与摹仿物间的答问关系不存在了。这就是现代仿真技术与先前的机械复制技术的根本不同。

因此，在波德里亚的理论中，“Simulation”被使用在两个地方：一个是与Imitation（摹仿）相对应的、被译作“模拟”的且来源于古希腊哲学的概念；另一个是在符号生产的最高阶段，生产类象的、被译作“仿真”且出自现代数字仿真技术的概念。“Simulation”分别被译作“模拟”、“仿真”两个词，但是，这两个词是一个概念，在英文里也是一个词，即Simulation，均出自古希腊哲学的“模拟”概念，甚至可以说，“仿真”一词源自波德里亚对Simulation这个古希腊哲学的“模拟”概念的借用，但是Simulation的一词两译确实造成了理解上的困难。

波德里亚的“类象”概念之所以难理解，其原因之二在于它的双重解

---

①［法］波德里亚著，马海良译：《象征交换与死亡》，《外国文学》2000年第2期，第62页。

释理路。

文艺复兴以前，符号（语言、形象）必须清晰地指向它的指涉物，不能有丝毫的不恭。在种姓等级森严的社会里，任何符号的命名都必须经过最高权力的确认，以保证这种指征的准确性和严肃性。到了文艺复兴以后，社会权力放弃了对符号生产的特权，这使得曾经显贵的符号从一个阶级过渡到另一个阶级。

符号生产在文艺复兴之后获得了飞速发展，因而可以说文艺复兴史就是一部符号解放史。对于符号（类象）获得自由生产权以后的发展以及相对应的社会发展阶段，在《象征交换与死亡》中，波德里亚作出了如下界划，他把符号（类象）发展的阶段区分为三个序列：[①] ①仿造。即自然类象（Simulacres Naturels）是文艺复兴到工业革命的"古典"时期的主要方式。②生产，即生产性类象（Simulacres Productifs）是工业时代的主要方式。③类象，即模拟的类象（Simulacres de Simulation）是被代码主宰的当前历史阶段的主要方式。

在第一序列中，由于符号（类象）生产脱离权力控制，那种一个客体只许有一个符号或摹仿物的时代已经过去了，符号增殖不再与限制流通的捆绑式符号发生联系，即符号不再受禁令的保护，也不再必须"清清楚楚地指涉一种（特殊的）景况和一个地位级别"[②]。符号的生产获得完全解放的结果之一，就是符号的表意可以"指涉破除了迷障的所指世界"，随之出现了符号的任意性，而且一个指涉物可以有多个符号指称。不过，此时的符号在追求某种具有约束力的特权时，发现只有自然的理性才是它的唯一归宿，任何的摹仿客体都被看作是一个独一无二的原件的仿造。例如，在对拉奥孔雕塑的摹仿物中，只有摹仿得最像的那一尊才被称为拉奥孔雕塑的仿造品。虽然一个指涉物有多个符号指称，但每个符号分别独立指涉指涉对象，因而符号之间虽互不联系，却一致指向指涉物的理性。这就是古典时期"手工艺"作坊式的符号生产方式。

在第二序列中，符号与自然的联系被符号之间的联系所取代。符号生

---

① ［法］波德里亚著，马海良译：《象征交换与死亡》，《外国文学》2000年第2期，第60页。

② ［法］波德里亚著，马海良译：《象征交换与死亡》，《外国文学》2000年第2期。

产不再是每一个符号都指涉自然，而是某几个符号指涉自然；别的符号又复制这些符号，结果一个自然物拥有一大堆一模一样的一个系列的符号。这时，由于每个符号都一样，已经无法辨识哪个符号是原创的。因而，符号也不再被看成是依据原件，而被看成为由两个或者更多的客体构成的系列中的等同成分。例如，当你拿到一张多明戈的原声 CD 时，你关心的不是它与原碟相同与否，而是它与同一批次的碟是否一致，是否符合这一版次的标准，这就是所谓的："客体变成了彼此未定义的类象或复制品。这种客体和符号之间的关系不再是原件同仿造品之间的关系，而是等同物之间的关系。"① 这就是大规模的机械复制时代的艺术生产。

在第三序列中，符号增殖达到了空前的高度，符号的生产不再指向自然之物，而指向了自身。指向要么是一个不曾存在的"模型"、一个"草图"、一个"构想"。要么是一个不曾出场的"存在"或一个在场的"非存在"。这时，真实之物与模拟之物同时出现在我们的视野里。互不指涉、互不相干，由于模拟之物是依照模型生产的，它本身就是一个原创，因而不存在与真实之物的差别。这时，"类象"达到了极致。与真实之物总是等待人们去认识它不同，类象总是主动投向人们的意识、包围人们的意识，它就是为这些意识而制作的。于是，"客体已经不是再现的客体，而是狂喜的否定和对自己仪式的消除：成了超真实"，"而真实本身也在超真实中沉没了"。② 这就是当代电子媒介通过"仿真"替代"摹仿"，使"类象"演变为超真实的符号神话。

类象三序列实际上寄托了波德里亚的一个理论目的：解释符号生产如何使象征性交换一步步退场，而让符号交换粉墨登场，取代象征性交换和商品交换，成为我们这个世界的唯一法则、唯一现实。这是在仿真推动下的符号真实逐步代替现实真实的过程，也是科学进步所造就的类象生产，其进步推动我们这个社会发展的过程。

---

① ［美］萨拉·休恩梅克：《资本主义与编码：对波德里亚第三秩序拟像的批判》，［美］道格拉斯·凯尔纳著，陈维振等译：《波德里亚：一个批判性读本》，南京：江苏人民出版社 2005 年版，第 232 页。

② ［美］萨拉·休恩梅克：《资本主义与编码：对波德里亚第三秩序拟像的批判》，选自［美］道格拉斯·凯尔纳著，陈维振等译：《波德里亚：一个批判性读本》，南京：江苏人民出版社 2005 年版，第 231～232 页。

为解释上面拟出的两个概念谱系在波德里亚的理论体系里是如何衔接的，我们借用了逻辑关系对位图示。

图 4－1 是表征、仿真、类象和超真实之间的逻辑关系图示。

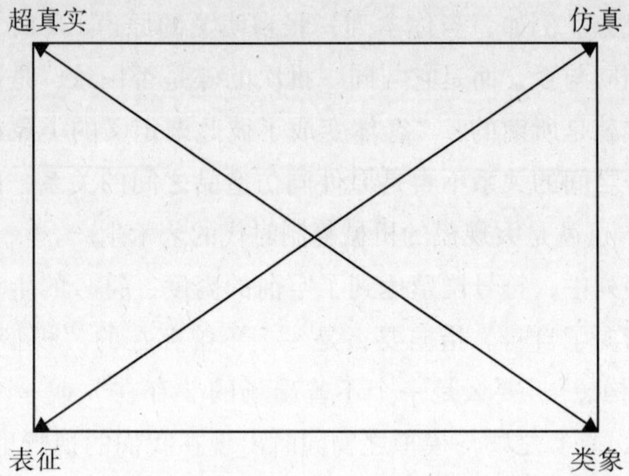

图 4－1　表征、仿真、类象、超真实之间的逻辑关系图示

从图 4－1 可发现：

（1）超真实与类象、表征与仿真是矛盾关系，不同真，也不同假。

（2）超真实与表征、仿真与类象是差等关系。即当全称命题为真时，特称命题一定为真；当全称命题为假时，特称命题一定为假；其他时候真假不定。

（3）超真实与仿真是反对关系，不同真，却可同假。

（4）表征与类象是下反对关系，不同假，却可同真。

图 4－2 是表征沿着认识论和政治经济学两条路径发展到表征危机再到非表征的图示。

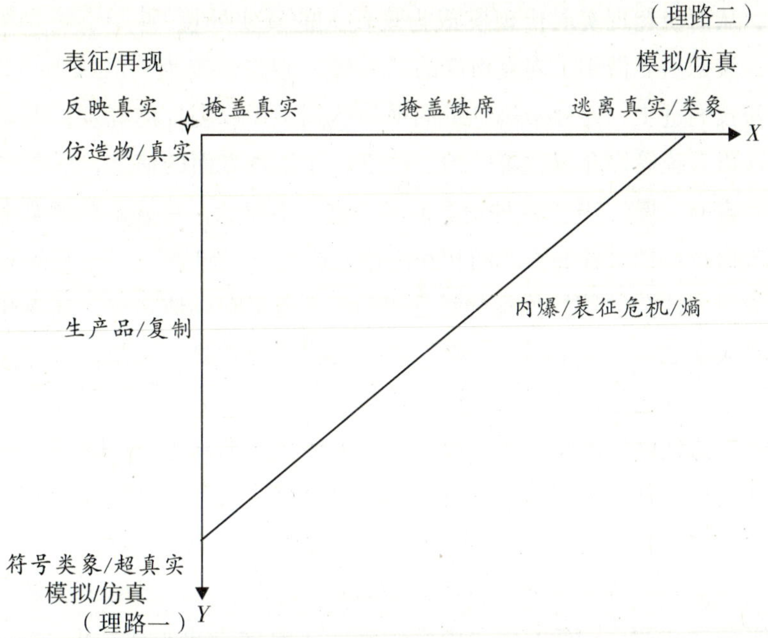

图 4－2　表征发展到表征危机再到非表征的两条路径

缘起于古希腊，被柏拉图称为“Eidola”的幻影，即我们今天所说的“类象”。在波德里亚的理论体系里，“类象”是沿着两条线路不断生成、转换的：一条是认识论的线路。该线路沿着 X 轴，是再现真实经过反映真实、掩盖真实、掩盖缺席到逃离真实的过程，是从一个对真实世界的表征到一个与真实世界完全无关的类象认识论视角。另一条是政治经济学的批判线路。该线路沿着 Y 轴，从仿造物、生产品到符号类象，或者说从真实、复制到超真实，是从对真实世界的摹仿到对真实世界的符号化类象的政治经济学批判视角。

“超真实”和“内爆”在波德里亚的理论谱系中是与“类象”和“仿真”相关联的一对概念。简单来说，所谓的“超真实”就是由那些基于符号自指的“类象”构成的世界。在这个世界里，由于“类象”的过分增殖而“淹没”了真实世界的图景，使人们难以区分真实世界和仿真世界。波德里亚认为，“超真实”世界的形成是一个真实与非真实的“内爆”过程。而“内爆”与“传播技术的革命性变革有关，正是这一系列涉及图像及其传播的科技爆炸，造成了信息大幅度的超量增殖，导致影像大规模的过度蔓延，从而使超现实取代现实成为现代人的真实处境”①。何为“内爆”？在此，波德里亚借用了麦克卢汉的“外爆”概念。麦克卢汉认为，“现代传媒科技的进步，使社会信息量的增加达到了无以复加的程度，电视、网络、通讯系统等媒介承载着政治、经济、娱乐各方面的信息，信息的膨胀宛如宇宙的大爆炸”②。这种信息激增的进一步发展，在波德里亚看来，将会造成信息在社会各要素之间相互渗透，这就是“内爆”，“一种导致各种界限崩溃的社会‘熵’增加的过程包括意义内爆在媒体之中，媒体和社会内爆在大众之中”③。在此，“熵”定律又称热力学第二定律，其基本特征为一定增大的趋势，是带来组织秩序解体的一个量度（混乱的程度）；最大状态就是秩序的彻底解体，达到一种无序的平衡状态。“熵”带来的秩序破坏最根本是“差异”的消解。高尔太曾把“熵”定律引入美学研究，用以论证“多样归一”定律。④ 因此，在波德里亚的理论谱系中，“超真实”与“内爆”是一对互为前设的概念：“超真实”世界由于类象的激增必然导致“内爆”，而正是“内爆”泯灭了真实世界与虚拟世界的界限，从而使类象世界遮蔽真实世界，并形成“超真实”世界。

至此，我们可以为波德里亚的媒介批评理论勾勒出一个大致的轮廓：现代高科技，特别是传媒科技的快速发展，是影响当下后现代人文景观的根本因素。现代传媒科技的“仿真机器”所制造的美轮美奂、巧夺天工的“类象”奇观充斥在我们生活的各个角落，一夜之间，我们仿佛处于这些人造物像的包围之中，何为真实世界，何为仿真世界，已无从分辨。这就是“类象”激增带来的信息“内爆”，它消解了真实世界与虚拟世界、社会生活各个要素如艺术与非艺术之间的界限，从而形成了我们生活的“超真实”世界。

波德里亚的理论思想是否可以归类到后现代理论中，一直存有争议；

---

① 参阅李彬：《传播符号：从方法论到本体论》，《中国传媒报告》（香港）2003年第1期。

② 参阅《后现代广告：人本观广告的新形态》，来源于“中华传媒网”。

③ 石义彬：《单向度、超真实、内爆——批判视野中的当代西方传播思想研究》，武汉：武汉大学出版社2003年版，第266页。

④ 参阅郑乃藏、唐再兴：《文艺理论辞典》，北京：光明日报出版社1989年版，第154页。

不过，他的理论思想的后现代特征却是显而易见的，也是没有争议的。而这个后现代特征就集中体现在他的“仿真”和“类象”理论。波德里亚的“拟像理论的基础就是在反对传统哲学的‘表征’的基础上提出的，仿真与表征完全对立，仿真与传统的指称关系也完全不同。在拟像世界中能指与所指完全分开，仿真之像成为纯粹的符号游戏。由仿真和拟像构成的新世界是与传统表征相违背的世界，是一个没有意义的虚拟世界。……鲍德里亚的拟像理论彻底摧毁了近代形而上学关于表征的哲学的形而上学的思考。而这种对表征的摧毁正是后现代主义所倡导的”[①]。

第二节　类象与仿真、内爆与超真实的本土解释

“从70年代中期开始，对政治经济学和消费社会的思考已经完全退出了他的文本，代之而起的是仿真和类象、媒介和信息、科学和新技术，它们共同生产了鲍德里亚所谓的内爆和超真实。这一系列新奇现象成为新的后现代社会的组成部分，它们在鲍德里亚的理论中涂抹了先前的工业社会形成的一切界限、范畴和价值，同时建立了社会组织、思想和经验的新现实。”[②]

类象、超真实、内爆的确是波德里亚理论思想的精彩之处，不过，客观地说，波德里亚的理论思想也并非如凯尔纳所言那般前后期完全断裂：马克思批判资本主义的精神，在波德里亚的理论探索中是始终如一的[③]。例如在发表于20世纪60年代末的《媒介的挽歌》里，波德里亚就注意到大众传播媒介在消费社会中的主导作用。而他对消费社会的批判，从《物体系》开始，经过《消费社会》、《符号政治经济学批判》，延续到80年代

---

① 余凤威：《鲍德里亚理论思想概述》，http：//www. culstudies. com/plus/view. php？ aid = 1785。

② Douglas Kellner，*Jean Baudrillard*：*From Marxism to Postmodernism and Beyond*，Stanford：Stanford University Press，1989，p. 60.

③ 张一兵对此完全反对。参见张一兵：《反鲍德里亚》，北京：商务印书馆2009年版。

的《致命的策略》以及之后的《完美的罪行》。这几个在波德里亚理论探索中期形成的概念是他的诸多著作里最为精彩的内容，也是最少争议的。而波德里亚的媒介批评理论正是使用这三个中心概念剖析了当代资本主义消费社会如何通过大众传媒的符号控制策略实现资本主义再生产的无限延展。

一、类象、超真实、内爆的不同的接受策略

把“类象”、“超真实”、“内爆”三个概念一并提出的，最开始是波德里亚的美国研究者斯蒂文·贝斯特和道格拉斯·凯尔纳。他们在《后现代理论——批判性的质疑》中以“神圣的三位一体：类象、内爆及超现实”为题阐释波德里亚依据当代大众传播媒介所塑造的西方后现代消费社会。

《后现代理论——批判性的质疑》的中译本是中央编译出版社 2001 年 9 月推出的，而此前的 6 月，《消费社会》中译本出版。显然，《后现代理论——批判性的质疑》对希望了解波德里亚理论思想的读者产生了相当的影响。可以说明的证据之一，就是石义彬此后出版的《单向度、超真实、内爆——批判视野中的当代西方传播思想研究》一书，在波德里亚那章设“仿真、超真实、内爆”一节讨论这三个概念，以此作为对波德里亚媒介批评理论的概括。此外，潘知常后来出版的《传媒批评理论》一书也提到了这三个概念。

不过，这三个“神圣”的概念一进入中国，就发生了“错位移植”。首先，这三个概念在排列秩序上，贝斯特与凯尔纳类象、内爆及超现实的排序与石义彬仿真、超真实、内爆不一样，主要是超真实（超现实）的位置不同。这个细小的变化不该被忽略。

在贝斯特与凯尔纳的文本里，他们依次介绍了“类象、内爆及超现实”三个概念。在“类象”之后，凯尔纳提到了“内爆”。他说：“在类象社会中，模型和符码构造着经验结构，并销蚀了模型与真实之间的差

别。借用麦克卢汉的内爆概念，博德里拉[①]宣称，在后现代世界中，形象或类象与真实之间的界限已经内爆，与此相伴随，人们从前对‘真实’的那种体验以及真实的基础均告消逝。”[②] 在介绍完“超现实”之后，凯尔纳又用了大量的篇幅分析“内爆”对后现代社会造成的种种后果，最后得出结论：“由此可见，内爆概念成了博德里拉后现代社会理论中的一个关键概念。”

明显的，在这三个概念中，凯尔纳的重心放在“内爆”上。他试图说明，在资本主义的后现代社会，在从“类象”到“超真实”的转换中，“内爆”起着关键作用，正是“内爆”导致了后现代社会的“超现实”。这里，凯尔纳用因产品的扩张导致“外爆”的西方工业社会与因信息的无限增殖导致“内爆”的西方后工业社会对位。因此，在凯尔纳的词典里，“内爆”是一个理解西方社会后现代转向的关键词。

中国学者显然不具备凯尔纳的语境。石义彬对这三个概念的分析主要着眼于“仿真”与“超真实”。他试图解决的是“仿真”与“超真实”的关联，解释何谓“仿真”，何谓“超真实”，是基于真实界与表象界二元对立的逻辑、基于表象与真实的形而上学。吴炜华在《拟像中国的未完成叙事——路径文化研究的转折点》里则直接使用“拟像”与“超真实”这两个他所谓的“波德里亚社会文化理论的两个核心词”，“尝试渐进地了解被隐藏在经济至上主义和视觉消费欲望之下的中国叙事”。[③] 他在其分析中也根本不提“内爆”。他的关注焦点只在现实与影像之间。此外，对“仿真”与“超真实”这对概念进行详细辨析的是戴阿宝。在《鲍德里亚：超真实的后现代视界》里，他从“仿真”运作的四个关键环节，即细节（Details）、重复（Duplication）、系列（Series）、模型（Models）揭示“仿真”制造“类象”的秘密。而盛宁在《人文困惑与反思》中，设专节讨论了“类象”与“仿真”。他把“仿真”与“表征”对位，解释“仿真”

---

① 这是一个来自英语发音的译名。译者显然是依据英文译名翻译的，并且没有参考波德里亚曾经有过的中译名。

② ［美］道格拉斯·凯尔纳、斯蒂文·贝斯特著，张志斌译：《后现代理论——批判性的质疑》，北京：中央编译出版社 2001 年版，第 153～154 页。

③ 吴炜华：《拟像中国的未完成叙事——路径文化研究的转折点》，《华东理工大学学报》2004 年第 2 期。

如何在与“表征”的对位中，从摹本走向类象，实现符号界对真实界的超越，即从真实世界向超真实世界的转换。

这种差别实际上隐含着对波德里亚理论的不同“接受策略”。在凯尔纳那里，他面对的是西方工业社会与后工业社会的“断裂”与“转型”。因而，基于对西方后现代社会的意识形态分析，凯尔纳关注的焦点不在“类象”和“超真实”的区分与关联，而在以“机械复制”的方式实现产品无限扩张为特征的资本主义工业社会向以“类象构造现实”的方式实现信息无限增殖为特征的资本主义后工业社会的转型，是否将导致整个资本主义世界分崩离析的问题。

“博德里拉的内爆理论所描绘的是一种导致各种界限崩溃的社会熵增加过程……面对信息无休无止的狂轰滥炸……社会也因此消逝了，各个阶级之间、各种意识形态之间、各种文化形式之间以及媒体的符号制造术与真实本身之间的各种界限均告内爆。”[①] 在此，波德里亚的媒介批评理论最终指向了这个由“仿真机器”推动的，在越来越快的符号抛掷中分崩离析，彻底内爆为碎片的资本主义社会。于是，主体、客体没有了，真实、摹仿物没有了，资本没有了，资本主义政治、资本主义议会选举没有了，最终资本主义社会也没有了；有的只是标志着信息平均量的熵，由一堆碎片构成的没有意识、没有意识对象、不用解释、也无法解释的终结了历史的虚无之境，就像鲁迅笔下那个“狂人”翻看的、正看反看均可的历史：没有年代、没有作者、没有秩序，满纸只写满了两个谁也看不懂的字——“吃人”。于是，波德里亚就成为了“后现代主义的大祭司”、“知识的恐怖主义者”、“世界大灾变的预言家”、被桑塔格唾弃的“政治和道德的白痴”。

对波德里亚理论的不满，凯尔纳溢于言表，“博德里拉的思想已经冻结在历史终结的静态形象中了。顽固地抱守着熵的观点，毫无意义地一遍又一遍重复着一些相同的看法……他以口号形式反复重复着他所钟爱的那些理念，很快便使这些理念变成了一堆滥调陈词”[②]。

---

① ［美］道格拉斯·凯尔纳、斯蒂文·贝斯特著，张志斌译：《后现代理论——批判性的质疑》，北京：中央编译出版社 2001 年版，第 156 ~ 157 页。

② ［美］道格拉斯·凯尔纳、斯蒂文·贝斯特著，张志斌译：《后现代理论——批判性的质疑》，北京：中央编译出版社 2001 年版，第 174 页。

因此，作为与波德里亚有着共同的、现实的资本主义社会的言述语境，凯尔纳对波德里亚的分析、评价完全可以看作是基于资本主义意识形态层面的交流与对话。

由于中国当前的这个前现代、现代与后现代错综复杂的国情，以及与西方世界完全不同的权力政治形式与政治、道德和文化的意识形态之现实，中国学者显然不具备凯尔纳那样的可以与波德里亚对话的语境。

但是，波德里亚的理论思想还是来到了中国。东西方世界意识形态的对立并不妨碍东西方学者在文化艺术层面的对话与交流，这种现象是非常普遍的。中国学者一贯的切分、挪用西方学者理论资源的方法，也被用到了波德里亚身上。于是，我们看到把波德里亚的“类象”概念、“超真实”概念切分，以解释当下中国由于大量引进现代大众传媒的最新技术，以及现代大众传播媒介在各大中城市的推广、普及，文化工业铺天盖地地蔓延所带来的文化艺术的变迁与困惑；也看到《“DJ”、婚纱照与符号幻境》、《〈大话西游〉：“后现代”为名的幻象》、《〈手机〉的意蕴》、《中央电视台新台址作为“姿态”建筑》、《青春残酷：1970 年代生的青春艺术现象》、《影像现实——媒介时代的情境喜剧》、《美丽时代的文化症候》、《E 时代的真实谎言》、《大腕的文化分析：跨国制作、商业电影与消费文化》、《2003 媒体造美热现象分析》、《真人秀节目与文化研究网》、《媒体选美及受众反应》等论著；更看到“曾被 Thomas Mitchell 讥笑为后现代主义陈腐主题的拟像及超真实概念，仍然被中国学者认为是对当下社会的洞察性描述……以目前中国的文化景观来看，介入拟像批评是否过早？中国似乎离纯粹的拟像世界太远——但如若我们回溯向拟像和超真实语汇的本原，也许就能理解，拟像之后所带来的巨大信息量对中国文化研究的意义”①。

“切分”和“挪用”西方现代理论思想以服务中国社会的现代化进程，成为当下引介、传播西方理论思想的较为简洁的接受策略。它至少解决了于两种对立的政治意识形态之间应如何在“求同存异”的谅解下，实现理论思想的对话与交流，以及在抽离政治意识形态的现实对立之后，如何在文化艺术层面实现对西方当代社会文化理论的引介与借鉴。

---

① 吴炜华：《拟像中国的未完成叙事——路径文化研究的转折点》，《华东理工大学学报》2004 年第 2 期。

由此看来，石义彬对“仿真”、“超真实”、“内爆”三个概念位置的重新安排，吴炜华对这三个概念的截用，不论目的为何，都是可以理解的、可以接受的，是合情合理的误读与转用。并且，我们也将很快看到，于“切分”和“挪用”之后，便是彻头彻尾的本土化进程。

二、仿真、超真实、内爆的中国化

仍以石义彬的研究为例。在《单向度、超真实、内爆——批判视野中的当代西方传播思想研究》中，石义彬所列的三个关键词是仿真、超真实、内爆。他是否在沿用凯尔纳的三位一体的概念组合，以解释波德里亚的媒介理论呢？查看《后现代理论——批判性的质疑》的中译本，凯尔纳所列的三位一体的概念组合是：类象、内爆及超现实。两者所列的第一个词分别是“仿真”和“类象”。如前所述，“仿真”和“类象”是不同的概念，“类象”是“仿真”的结果。但是，查看《后现代理论——批判性的质疑》的中译本，发现译者把 *Simulacres et Simulation* 这个法文名称译成了《幻象与类象》，于是，Simulation 就成了“类象”；而 Simulacres 则成了“幻象”。因此，此书中的“类象”就是我们所说的“仿真”，而我们常说的“类象”则是此书中的“幻象”。因而，石义彬采用“仿真”这个译名很可能直接来源于凯尔纳的原著。

也就是说，石义彬选择这三个核心概念还是源于凯尔纳的启发，可是，他是否坚持了凯尔纳的解释理路呢？先看凯尔纳是如何选取仿真、内爆、超真实这三个概念构成三位一体的？凯尔纳说：“博德里拉声称，我们目前正处于一个新的类象（Simulation）时代，计算机、信息处理、媒体、自动控制系统以及按照类象符码和模型而形成的社会组织，已经取代了生产的地位，成为社会的组织原则。”[①] 这里，新的“类象（仿真）”时代是相对于旧的“类象（仿真）”时代的。依据波德里亚在《象征交换与死亡》中拟出的“仿真”的三个序列，这个新的“类象（仿真）”时代应

---

① 在此的“Simulation”应该译作“仿真”而不是“类象”。见［美］道格拉斯·凯尔纳、斯蒂文·贝斯特著，张志斌译：《后现代理论——批判性的质疑》，北京：中央编译出版社 2001 年版，第 153 页。

该是“仿真”的第三个序列，即“类象”和“超真实”的序列。它是从上一个“仿真”序列发展而来的。凯尔纳的原话是“如果说现代性是一个由工业资产阶级控制的生产时代的话，那么，与此相对立，后现代的类象（仿真）时代则是一个由模型、符码和控制论所支配的信息与符号时代”①。这个“仿真”时代的升级是如何发生的？凯尔纳说：“博德里拉从未明确指出这个过程背后的经济力量或社会群体是什么，因而他实际上提出的是一个技术决定论……借用麦克卢汉的内爆概念，博德里拉宣称，在后现代世界中，形象或类象与真实之间的界限已经内爆，与此相伴随，人们从前对‘真实’的那种体验以及真实的基础也均告消逝。”②

于是，“超真实一词所指的是：真实与非真实之间的区分已变得模糊不清了。……真实不再是一些现成之物（如风景或海洋），而是人为地生产（或再生产）出来的‘真实’（模拟环境），它不是变得不真实或荒诞了，而是变得比真实更真实了”③。由此可见，凯尔纳的理路是：在人类的“仿真”进程中，由于技术进步产生的“内爆”，使我们进入到了一个全新的“仿真”时代；这个时代中，人类的“仿真”技术十分神奇，人工制品与自然之物已经达到真假莫辨的地步，而真实与非真实的界限也已经无法辨识，这就是“超真实”。

所以，凯尔纳的理路就是，处理真实界与表象界的关系的“仿真”，经过由科技进步引发的“内爆”而达到了它的新阶层；在这个阶层里，真实界与意识界已经无法辨别，这就是“超真实”。因此，凯尔纳的提问方向是：科技进步给人类带来了什么？内爆！而内爆对我们有什么影响？使“仿真”到达了它的最高序列，也是最后的序列，通过“仿真”制造的“类象”，其真实与非真实的界限已经无法分辨了，“仿真”再也无法进行了。于是，一个没有纪元、没有历史、无须价值判断、也无法解释的超级真实的世界出现了。

---

① ［美］道格拉斯·凯尔纳、斯蒂文·贝斯特著，张志斌译：《后现代理论——批判性的质疑》，北京：中央编译出版社 2001 年版，第 153 页。

② ［美］道格拉斯·凯尔纳、斯蒂文·贝斯特著，张志斌译：《后现代理论——批判性的质疑》，北京：中央编译出版社 2001 年版，第 154 页。

③ ［美］道格拉斯·凯尔纳、斯蒂文·贝斯特著，张志斌译：《后现代理论——批判性的质疑》，北京：中央编译出版社 2001 年版，第 154 页。

石义彬接受了凯尔纳三位一体的概念安排，但他关注的中心却定在“仿真”与“超真实”两者的关系上。但是，如我们所分析的，“仿真”的对位概念是“表征”，而“超真实”的对位概念是“类象”。所以，“仿真”、“内爆”及“超真实”在凯尔纳那里是三位一体的，而到了石义彬这里就只是三个相关联的概念。

因为，这里的“仿真”所承接的是“类象”，以便于同“超真实”形成对位的解释关系，而“内爆”应该与表征危机（The Crisis of Representation）形成承接关系。这样，我们的提问方向应是：今天的类象世界何以是超真实的？内爆何以导致表征危机？

石义彬对凯尔纳的三位一体亦步亦趋，但是他所关心的问题和提问的方向都与凯尔纳不同。因此，在凯尔纳那里清晰而又统一为整体的三个概念，到了石义彬这里就成了松散的随意摆放。由于波德里亚理论的几个核心概念，如“仿真”、“模拟”、“类象”、“拟像”极易混淆，误译、误读在所难免，因此使用这些概念的随意性也较为常见。像“就鲍德里亚而言，类象（也称为仿拟、拟像）是亘古便有的，而仿真却是当前一定时期才有的”①，这显然是错误的。第一，“类象”是一个古老的概念，在波德里亚的理论系统里是旧词新用，用来说明“仿真”的非仿真性，即由电子比特、模型生成的“类象”，它过去曾具有“类象”概念的特征——如与真实的对立——却是完全不同的来源，是“仿真”发展到最高阶段的产物。第二，“仿真”即“模拟”，这个观点在古希腊时期已经出现，尽管它后来因被打上歪曲事实的烙印而被严格禁止。在文艺复兴之后，这个观点获得了巨大的发展，出现在电子媒介时代并有了新用法。第三，最主要的是，这两个概念不是对位关系，而是承接、差等关系，即“类象”是“仿真”的结果，根本没有可比较性。

在波德里亚的理论谱系中，“类象”是连接“仿真”、“内爆”、“超真实”的一个中心概念，是“模拟”在“仿真”电子媒介时代的新现实。“类象”的涌现，其直接后果是“内爆”和“超真实”。潘知常对此给予了极大的重视，他说：“鲍德里亚将类象描述成用‘虚构的’或摹仿的事

---

① 石义彬：《单向度、超真实、内爆——批判视野中的当代西方传播思想研究》，武汉：武汉大学出版社2003年版，第261页。

物代替‘真实’的过程，也就是将电子媒质或数字化的影像、符号或景观替代‘真实生活’和在真实世界中客体的过程。类象无所不在，以至于这个世界的真实与虚幻不可分辨，也无从分辨。极端的符号制造的动力来源既不存在于商品之中，也不存在于经济组织之中，而仅在于符号的自我发展之中，这就是鲍德里亚所说的‘类象’的深刻内涵。”① 对“类象”的理解关系到对整个波德里亚理论的理解。

另外，被石义彬理清的一个翻译上的问题，在某些学者那里出现了混乱。在波德里亚的理论体系里，“仿真”和“类象”是要严格区分的，否则将造成理论上的严重混乱。波德里亚解释“类象”与“仿真”的理论主要见于他的 *Simulacra and Simulations*，其法文的原名是 *Simulacres et Simulation*。《后现代理论——批判性的质疑》在注释里把 *Simulacres et Simulation* 译成《幻象与类象》②，这里把“Simulation”译成了“类象”，而国内学者通常把“类象”作为“Simulacra”的译名。

这种情况同样出现在对 *Simulacres et Simulation* 的翻译上。*Simulacres et Simulation* 目前传播最广也是唯一的中译本被译为《仿真与拟像》，该文发表在汪民安、陈永国、马海良等主编的《后现代性哲学话语：从福柯到赛义德》上，编者在译名后面对这篇文章的来源作了注释：“本文选自《让·鲍德里亚：文选》，《仿真与拟像》是鲍德里亚的重要论文。”③ 但是，当我们阅读该译文时，发现“Simulation”的译名是“仿真”、“Simulacra”的译名是“拟像”，那么，何以要把原本是 *Simulacra and Simulations* 的书名作一个前后秩序的颠倒，而译成《仿真与拟像》呢？在该译文作者一篇同时期发表的文章《鲍德里亚：理论的暴力，仿真的游戏》（2000）里，作者提到了 *Simulacra and Simulations*，并且译为《拟像与仿真》。那么，《仿真与拟像》这个译名从何而来？

译名的混乱也间接影响了《后现代理论——批判性的质疑》的翻译与理解。该书在注释里把 *Simulacres et Simulation* 译作《幻象与类象》，其中，

---

① 潘知常：《传媒批评理论》，北京：新华出版社 2002 年版，第 345～346 页。

② ［美］道格拉斯·凯尔纳、斯蒂文·贝斯特著，张志斌译：《后现代理论——批判性的质疑》，北京：中央编译出版社 2001 年版，第 188 页。

③ 汪民安、陈永国、马海良等主编：《后现代性哲学话语：从福柯到赛义德》，杭州：浙江人民出版社 2000 年版，第 344 页注。

“Simulation”被译作“类象”，并且，在它的正文标题里出现了：“神圣的三位一体：类象、内爆及超现实”，且在余下叙述中把“类象”用作“Simulation”的译名。

盛宁在《人文困惑与反思》(1997) 中通过“幻象”与“仿真”的承接来解释波德里亚的媒介理论。他认为使用“幻象”代替“类象”更符合波德里亚把一个由语言（包括文字、图像）构成的世界称为“幻象的世界”的想法。盛宁还注意到“表征”与“仿真”对位关系的重要性。[①]

在高宣扬的研究里，用“模拟”表示“Simulation”，这是不多见的。因为，“Simulation”多被译为“仿真”或者“拟真”，这也恰好印证了我们前面论述的“模拟”与“仿真”具有同一性。“拟像”依然是高宣扬的叙述中心，尽管他也看到“波德里亚使用了‘拟像’这条概念来说明当代社会的模拟（Simulation）的非模拟性，并赋予它以新的意义”[②]，同意“拟像”是“模拟”发展到以电子媒介为主要传播媒介的时代的产物。在这个一切都变得彻底透明的时代，“模拟”的矫饰术山穷水尽、用无可用，已达到了它的极致，即当代的“拟像”文化。同时，“模拟”也走向了它的反面：Non-simulation。但是，在波德里亚的理论言述里始终暗含着对“表征”的理论诉求。在他的理论链条里，“一个是朝向记号、拟像领域的普遍旋曲，另一个则是在诱惑和死亡的阴影下，所有记号的可逆转性。在螺旋线上，这两个范式各自分化，却始终没有改变它们的对立关系”[③]。

而“表征”与“仿真”就是这个双螺旋结构的理论链条中那两条并立的链。在科学技术的魔幻之力推动下，“仿真”之魔从禁止、压制下挣脱出来，在科学技术的诱导下，愈益精巧、愈益猖狂、无所不能、为所欲为，颠覆了人类的认知体系，耗费着人类的情感和对周围世界的感受力，撕裂着人类的良知，彻底摧毁了人类的道德体系、价值观和对神的敬畏之情。此外，与“仿真”之魔一起走向死亡的，还有“仿真”自己，“仿真”在用尽它的一切能量之后，也掏空了自身，走向了死亡，走到了自己

---

① 盛宁：《人文困惑与反思》，北京：生活·读书·新知三联书店 1997 年版，第 267 页。

② 冯俊等：《后现代主义哲学讲演录》，北京：商务印书馆 2003 年版，第 557 页。

③ 林志明：《译序：描绘一个不存在于任何地方的圆周》，[法] 波德里亚著，林志明译：《物体系》，上海：上海人民出版社 2001 年版，第 10 页。

挖掘的坟墓里。

随着“仿真”的不断上升，表征不停坠落。对表征来说，人类科学技术的进步诱导人们不再正视自然、正视自身，也不再正视他人；蔑视先辈、蔑视权威，也蔑视神。

这是一场“恶”的前行，而“类象”就是它的休止符。

然而，尽管高宣扬也注意到，随着“仿真”的演进，人类社会的象征性结构不断遭受侵蚀。但是，他忽视从“仿真”与“表征”双链并立的角度来解释当代社会的“类象文化”的实质，这容易使人对“仿真”造成误解，尤其是对波德里亚“仿真”三个序列与“形象”递进四阶段的两个概念谱系的理解。并且，这也缺少了波德里亚理论双螺旋结构的特色。

引介波德里亚理论较早的学者赵一凡，在他的《欧美新学赏析》中将 *Simulacres et Simulation* 译作《类象与仿真》，并专节讨论了“类象”和“仿真”这两个概念。“根据本雅明的说法，它（类象）是现代大工业机器生产无止尽的同类复制（Reproduction）”，而“仿真”是“比类象的机械复制更进一步，仿真利用高科技手段……针对现实进行真假难辨的‘逼真模拟’或‘科学再现’。”① 类象与仿真在此被解释为同一性质层级不同的两个概念。

孔明安在《技术、虚像与形而上学的命运——鲍德里亚对形而上学问题的哲学反思》中，把“Simulation”译作“仿真”，把“Simulacra”译作“虚像”，分别与“表征”对位，认为“仿真”是对真的“模拟”，是“虚真”；而“虚像”就是非真实的景象（客观存在），与“幻觉”（主观意识）相区别。他说：“表征是以实在为模型所形成的表象；而虚像却并不是以实在而形成的‘像’，它不以实在为摹本，而是以复制品，甚至以虚构的摹本而成的像。”② 显然，孔明安从“表征”入手，考察波德里亚后现代理论的两个主要概念“仿真”与“虚像”如何冲击和挑战传统哲学的根基——“表征”。孔明安认为，与海德格尔从存在问题、德里达从文字学角度出发进行研究不同，波德里亚是从新技术及其所带来的电子媒介技

---

① 赵一凡：《欧美新学赏析》，北京：中央编译出版社 1996 年版，第 176～177 页。

② 孔明安：《技术、虚像与形而上学的命运——鲍德里亚对形而上学问题的哲学反思》，《哲学动态》2002 年第 10 期。

术、影像技术的角度出发，实现其对传统“表征”问题的反叛，而不是从哲学内部，或者说从哲学的内在逻辑来思考的。显然，孔明安把波德里亚视作西方后现代理论家，并以此来考察“仿真”和“虚像”如何“威胁”传统哲学的“表征体系”。

总之，波德里亚媒介批评理论在中国的本土研究主要是围绕“仿真”与“类象”展开的。其展开的方向：一是借由认识论分析在“表征”焦虑的语境下，这两个概念的原始意义；二是去除资本主义意识形态的背景，并借由政治经济学来分析这两个概念的美学意义。前者可以看作是对波德里亚媒介批评理论的启蒙现代性批判，后者可以看作是对波德里亚媒介批评理论的审美现代性批判。

“超真实”与“内爆”这对概念在波德里亚的理论思想中是一个很重要的内容，其所涵盖的正是波德里亚媒介理论批评所得出的结论，是波德里亚在大众传媒批判的话语层面对现代传媒科技的迅猛发展、消费社会意识形态的异化本性更为深入的批判。

然而，或许是由于这两个概念所蕴含的结论的否定性与当下中国学界对中国当代社会历史的看法难以取得一致，中国学界的学者们并没有对这两个概念展开深入的研究，反而常常批评波德里亚理论的极端性、夸张性。不过，理论研究的缺位，并不能说明“内爆”与“超真实”这两个概念在中国的实际情况。但是，在抽去了意识形态的含义之后，“内爆”与“超真实”在艺术实践方面为分析后艺术时代亦真亦幻的人文景观，提供了有力的理论支点。例如，Stefan Landberger 在论及中国“文革”时期的政治海报时，把那些具有现实特征，同时又是完全意义上的“高于生活”的工农兵等超现实的人物形象界定为“超真实”世界的人物形象。[①] 这种“超真实”的符号景观同样存在于当下的各种戏说文本中。不过，“超真实”概念在中国艺术实践中的理解是否与波德里亚的一致呢？需要说明的是，波德里亚的“超真实”世界是基于符号的自我指涉而形成的“类象”世界，其主导的方面既不在于人们的主体意识（如前面提到的“文革”时

---

① Stefan Landberger, *Chinese Propagnda Posters: From Revolution to Modernization*, Armonk: N. Y. M. E. Sharpe, 1995，转引自吴炜华：《拟像中国的未完成叙事——路径文化研究的转折点》，《华东理工大学学报》2004 年第 2 期。

期的超真实人物形象），亦不在于客观物质世界或者社会历史的发展变化（唯物历史观）；基于科技进步，特别是传媒科技发展的内在逻辑，它已经完全脱离我们的主体意识的控制，也与客观的社会现实生活无关，成为了在非现实与非理性的技术发展的内在逻辑主导下，形成的物的（或者说媒介的）自身发展的世界，这是完全意义上的技术决定主义理论。由于当代中国传媒科技普及与发展的有限性，以及近代以来中国社会对科学技术的不加选择的“欣喜”，中国尚不存在一种近代意义上的“技术中心论”的批判理论，因此，在中国的艺术实践中，“超真实”的世界完全不同。

结束语

波德里亚理论的解构性与建构性

西方理论思想在中国经过引进、翻译、分析与研究之后，免不了遭遇被批判的命运，甚至连马克思主义这一“本土化”最为成功的范例都曾遭人批判。

第一节　从后现代性看波德里亚理论的解构性与建构性

从审美现代性批判的角度审视波德里亚理论，其后现代的理论思想可以被看作为一种表意实践的审美话语。[①] 而“表征问题”[②]，从现实主义、现代主义到后现代主义，是一个“表征危机”不断加深的过程。借用拉什的话说，就是“现实主义既不质疑表征，亦不怀疑现实本身。……现代主义的自主化，也是文化形式脱离现实的自主化。因此，随着表征变得自身合法化了，表征本身也就呈现为某种暧昧不清的形态。……后现代主义在对位中视为成问题的东西并不是表意过程，不是‘画面’，即是说，不是表征，而是现实本身”[③]。不过，拉什所谓的“后现代主义，与其说是对表征的怀疑，不如说是对现实本身的怀疑”[④]。这里，实际上指的是在现代主义表意范式向后现代主义表意范式的过渡中，表意与现实关系的新危机。

这种新的“表征危机”不同于现代主义的“表征危机”：现代主义的“表征危机”建立在对艺术符号表现真实世界这一古典信条的怀疑上，这一怀疑并不是对现实本身的怀疑，而是对符号再现现实这一功能的怀疑；

---

① 周宪从后现代表意实践的审美话语中分出三种有代表性的模式：福柯模式、杰姆逊模式和波德里亚模式。见周宪：《审美现代性批判》，北京：商务印书馆 2005 年版，第 345～354 页。

② 据赵一凡考证，古希腊时代，“摹仿”写作“Mimesis”，“再现”写作“Representation”，后来“摹仿”与“再现”在西方学者那里被合二为一，且其主要的含义是“再现”，这就是“表征”的古典含义。这一概念发展到当代，又派生出“表现、代表、象征”等现代派意义。不过，其涉及的根本问题仍然是人的主体意识如何凭借语言符号的中介认识客观世界。参见赵一凡：《欧美新学赏析》，北京：中央编译出版社 1996 年版，第 170～171 页。

③ Scott Lash, *Sociology of Postmodernism*, London: Routledge, 1990, pp. 13－14.

④ 周宪：《审美现代性批判》，北京：商务印书馆 2005 年版，第 358 页。

后现代理论的“表征危机”表现为艺术符号表现真实世界的能力“溢出”了可以表征的真实世界，或者说真实世界的有限性已经不足以适应符号表征的无限性。符号对真实世界的表征，经历了表征现实、复制现实、制造现实的发展过程后，在现代科技，尤其是媒介科技的推动下，达到了如此高的程度，这使符号表征不再局限于我们生活的这个真实世界，而是指向一个电子媒介所制造的符号主导的“超真实”世界。“符号自主发展而不再信赖表征，进而导致对现实本身的怀疑”；“符号不再是现实的表征而成为自身的复制，能指脱离了所指自律化，一切依据模型来复制”。[①] 于是，符号表征彻底“忽略”了真实世界的存在而指向自身，变成了对符号自身逻辑的复制与模拟，从而在自我复制中实现了符号的自主发展。

后工业时代是一个表征能力过剩的时代。在现代高科技，特别是当代电子媒介科技的推动下，人类逐渐获得了完备的仿真能力，符号作为“模拟不再是一个地域、一个参照物或一种本质的摹仿，它是经由没有原本或实在的现实物模型而产生的，即一种超现实”[②]。在此，现代高科技所提供的“过剩”的表征能力制造了数不胜数的“超真实”世界，导致真实世界被符号制造的“超真实”世界“淹没”。何谓真实世界的表征，何谓符号自指的表征，成了后工业时代的“表征焦虑”。这就是波德里亚所谓“内爆”的结果，而它的“罪魁祸首”是日新月异的现代高科技，特别是传媒科技。

进一步说，由技术进步带来的“表征焦虑”究竟应该归于如波德里亚所言的资本对技术的“异化”，还是归于如麦克卢汉所说的技术进步作为一种物质力量必然具有的某种“异质性”？在此，这种分歧显示出对技术进步的两种不同的价值评判：技术悲观主义与技术乐观主义。前者导致了波德里亚对资本主义消费社会意识形态的批判，后者产生了麦克卢汉“理解媒介”的呼吁。当然，波德里亚针对技术进步的悲观主义并非否定技术进步本身，而是对处于资本“异化”下的技术进步之前景的悲观性预测，其所否定的是资本“异化”本身而非技术进步，因而与麦克卢汉的“技术

① 周宪：《审美现代性批判》，北京：商务印书馆2005年版，第358页。

② Jean Baudrillard, *Selected Writings*, Stanford: Stanford University Press, 1988, pp. 145, 166.

观”具有某种内在的一致性。

因此，现代主义的“表征危机”源于文艺复兴以来全面觉醒的人类的主体意识“溢出”了表征对象——我们生活的物质世界，是个体意识极度膨胀时代的产物。其表面原因在于现存的技术手段不足以完成极度丰富的主观意识对物质世界“表征”的诉求，深层根源则在于个体的主体意识的复兴呼唤着人类精神的解放，这是对现存社会制度的反叛与背弃，因而在内在的批判性诉求上与马克思主义取得了一致。而这正是现代主义思潮作为近代以来资本主义世界内部的“异己”力量时时展现的闪光点，也是启蒙现代性的合法性依据。

如同后现代与现代性具有某种相关性一样，后现代的“表征危机”与现代性“表征危机”同样存在某种相关性。在波德里亚看来，这种相关性就在于它是现代性“表征危机”的一种极端化的解决方案，根源是现代高科技的迅猛发展为人们提供了日益丰富、强大的表征能力，特别是当代传媒科技所制造的种种无所不能的“仿真机器”，其能力远远“溢出”了表征诉求本身：今天，现代高科技制造的大量的符号表征既不是主体意识的表现，也不是客观真实世界的再现，而是“仿真机器”的“自仿”。这种借由符号的自我指涉而建构的表征世界形成了一个独立自主的“超真实”的世界。在“超真实”的世界里，符号基于自我指涉形成的表征（符号类象）快速增殖，数量膨胀之快，迅速“淹没”了那些基于主体意识的表现和基于客观真实世界的再现，技术、符号这些本来处于主体与客体之间的媒介物，一夜之间成为唯一的亮点。长久以来，为传统认识论得以展开所确立的前提——主体世界和客体世界，在此均归于沉寂。波德里亚认为，我们今天生活在被物品包围的世界里。需要说明的是，这个物品既不是客观物质世界的自然存在（天工、造化），也不是出于人的主观意识之预设制造的“化工”之物，而是由那个自立自足的技术魔力“幻化”出来的“媒介世界”。它们如此丰富、如此精彩，以至于我们曾经拥有的有限的世界和我们自己的苍白的意识都不得不黯然退场。此时，焦虑的自我和自在的自然像断了线的风筝，彼此天各一方，后现代的“表征危机”在波德里亚这里达到了极致，即“表征危机”就是没有表征。[①]

事实上，在欧洲思想史上，表征焦虑自古而然。古典时期的表征焦虑体现为对真实世界的认知发生歧义，即所谓的真实世界，是我们感官感知的现实世界，还是在感官之外有另一个真实世界，而我们所感知的这个世界不过是它的影子？这使我们对艺术的看法出现了争议：真正的艺术究竟是如柏拉图所界定的，那些由“爱智慧者，爱美者，诗神和爱神的顶礼者”等第一等人创造的“歌颂神和英雄的颂诗”的文艺，[②] 而那些摹仿型艺术由于只专注于我们感官所感知的世界，与真实世界相隔三层，因而不是真正的艺术；还是如亚里士多德所坚持的“我们居住的这个世界就是真实的世界，不是理式的影子或摹本”[③]。而这个真实世界是由材料因、形式因、创造因和最后因等内因主导的，因而通过把握真实世界的内因，我们的意识可以认知这个世界；而摹仿真实世界的摹仿型艺术由于依据真实世界内在规律来摹仿真实世界，因而是真实的、合情合理的？[④]

古典时期表征焦虑的解决办法是：要么确认我们感知的世界就是真实世界，如此，真实世界的表征就存在于我们的社会实践和艺术实践之中（如亚里士多德）；要么把真实世界确定为我们感知世界之外的“彼岸”，如此，真实世界的表征就不是指向我们所感知的现实世界的社会实践和基于此的摹仿型艺术，而是一种肃穆凝神的“观照”，如柏拉图所描绘的，真实世界的表征所展示给我们看的那些景象是完整的、单纯的、欢喜的，沉浸在最纯洁的光辉之中，让我们凝视。[⑤] 以此类推，所谓“诗与哲学”之争也只不过是缘起于一种表征焦虑的解决策略。在欧洲历史上产生了长久影响的是柏拉图的真理观和艺术观，而亚里士多德的理论却是在文艺复兴时期，《诗学》手稿重见天日以后才产生巨大影响。

---

① 对于前现代、现代到后现代表征的变迁，周宪在审美话语层面作出了概括，认为那是“从相似摹仿到表征再现，再到能指自涉”过程。这与杰姆逊所区分的现实主义、现代主义及后现代主义三阶段相吻合。参阅周宪：《审美现代性批判》，北京：商务印书馆2005年版，第354页。

② 参阅朱光潜：《西方美学史》，北京：人民文学出版社1982年版，第45～48页。

③ 参阅朱光潜：《西方美学史》，北京：人民文学出版社1982年版，第68页。

④ 参阅朱光潜：《西方美学史》，北京：人民文学出版社1982年版，第70～76页。

⑤ 参阅朱光潜：《西方美学史》，北京：人民文学出版社1982年版，第49页。

因此，古典时期，特别是柏拉图时期，其表征拆解了原本存在于物质世界与理念世界之间的联系，实现了艺术符号由于对僵死、凝重的物质世界的背弃而获得的某种“自由”，使得艺术脱离技艺，第一次获得了独立的地位。但是为此付出的代价却是截断了表征与现实世界的联系，抽离了表征的现实物质基础，而把表征的指涉对象转向一个看不见、摸不着，无法感知、无法体验的虚无缥缈的天外世界。这个真实世界如此单纯、静穆以至于指向它的表征归于单一、沉寂，抽离了物质世界的表征也就失去了物质世界的全部的丰富性和多样性，而仅仅被限制在对彼岸世界的遥望与冥思、玄想中，艺术也仅仅是对这种玄想和冥思的回忆与再现。因此，古典时期的表征对物质世界超越的结果就是指向一个静穆、单纯的“彼岸”世界，它把世俗的现实世界中的人生百态、花鸟鱼虫归入某个单一、冥想的世界，化喧嚣为沉寂；它使世俗主体骚动不安的心灵趋于宁静、安详。因此，不论是物质世界的表征，还是艺术都被归入一种简约化的世界。古典时代宁静以致远，古典艺术单纯而静谧、简约而粗糙，以此化解表征的焦虑。这里暗示了一个事实：古典时代的人类对真实世界的把握，不论是生产方式、宗教（神话）方式、哲学方式、法律方式，还是政治方式都是微弱而简单的，其宁静致远、单纯静谧所体现出的正是人类社会初期的时代症候。因而，古典时期的人们陷入了意识把握对象能力的有限性所带来的焦虑之中。为了摆脱这种焦虑，人们通过简约化丰富多彩的物质世界，或者象征方法，来使我们的意识与真实世界取得一致，而我们生活的物质世界却由此变成了一个简约化的世界，这就是古典主义的解构性。但是，也正是由于这种解构性，我们的意识与表征对象——我们生活的物质世界——之间取得了全面的和谐。这是古典主义的建构意义。

正如萨特在美的定义中所指出的，“美是一种非现实的想象的价值”①。这暗含了一个事实：在现代主义阶段，表征焦虑主要表现为对表征本身的怀疑。不过，现代主义的“表征危机”不是如古典时代那般，出于人的意识难以把握真实世界的原因，而是由于人类的意识经过相当时期的发展已经可以用多种方式去把握真实世界。这个时代，用黑格尔的话讲，就是精

---

① ［法］萨特著，褚朔维译：《想象心理学》，北京：光明日报出版社1988年版，第292页。

神溢出了物质的浪漫主义时代。这个时代的“表征危机”不再是意识无法把握真实世界，而是意识的溢出使得人们无法确定以哪种方式来把握真实世界。因此，这个时代的表征焦虑是意识能力过剩而引发的焦虑。这种焦虑在存在主义思潮中非常普遍。现代主义表征焦虑的另一个深层原因是，近代以来，人类社会步入了“草根时代”，即从“神”的时代转到“人”的时代，人们不再退回到简约宁静的古朴状态，而是转向个体自我的意识世界，“我的唯一的现实就是我的癫狂的意志”。现代主义力求在人类的意识世界中解除表征焦虑。因而，表征成为“非现实”的，也是存在于“想象”之中的。但是，由于在这个时代，现代的科技革命尚未达到如此高的阶段，也尚未能为人类提供充分的物质条件，这使人们过度膨胀的主观意识得到完满的表达，因而人们的意识犹如被关在囚笼中的“困兽”，孤独而愤懑，颇有些像中国古代魏晋时期“夜中不能寐，起座弹鸣琴”的孤愤文人所承受的“言不尽意”的痛苦与惆怅，或者那种如嵇康“声无哀乐”论所传达出来的、魏晋时期文人墨客在司马氏残酷的精神压迫下“言不尽意”而寄寓声的无奈。

总之，在现代主义时期，技术的有限性始终压抑着人们不断膨胀的意识，结果使得人们总是渴望“自由”、渴望“超越”。就像萨特笔下的洛根丁，百无聊赖，却又总是充满焦虑；拥有一切，却又总是觉得不自由，从而陷入自我实现的焦虑之中。这是“存在主义”的时代焦虑，也是现代主义的历史焦虑。现代主义的历史焦虑拆解了已建立起来的人们对真实世界的表征信任，从而使人们陷入了表征焦虑，这就是现代主义理论的解构性。现代主义理论的建构意义则在于对人的主体性的全面确认：人作为一个大写的人，成为了一个完全可以独立自主的人，而物质世界则成为我们需要超越的对象；在主体与客体之间，人类取得了全面胜利。

在对物质世界的某种超越中获得“自由”，使人类得以建立一个远远超出现实世界的“第二世界”，这种“超现实展现了一个更高级的阶段，在这个范围内，它消除了现实的东西和想象的东西之间的对立。非现实的东西不再留存于梦幻或超越物之中，它就在现实的幻觉相似物之中”①。波

---

① Jean Baudrillard, *Selected Writings*, Stanford: Stanford University Press, 1988, pp. 145, 166.

德里亚的理论里，这个“超真实”的世界，在当代，是通过现代传媒科技进步实现的。后工业革命为无限丰富的人类意识提供了充分的表现手段。面对令人眼花缭乱的科技发明，人们猛然发现自己的意识何等贫乏。这是一个“创意缺失”的时代，高科技所储备的表征能力因陷入不能发挥的焦虑而投向人们意识可以控制的范围之外，造成了后现代的“灾难”，例如技术能力投向意识之外，使人失去了对技术的控制，人的意识不再是把握世界的唯一力量，同时，人们还要处处提防技术对人的意识的颠覆——这就是人的主体性的全面解体。

就波德里亚理论而言，后现代时代的建构性也来源于技术的进步。技术进步使人类可以重新确立真实世界的合法性和唯一性。与古典时代相比较，人类更有信心把真实世界作为一个自己审视的对象而全面恢复它的合法性地位。物质世界也因此不再是现代主义笔下那一团污臭、恶俗的垃圾，而是希冀美好生活与幸福梦境的阳光世界，是漂亮的房屋、时尚的服饰、充满美丽童话的广告，是“满耳笙歌满眼花”般的生活图景。这就是后现代理论的建构意义。

作为后现代理论阵营里的一员，波德里亚理论在各个方向都显示出强烈的极端性，因而无愧于“极端性的预言家”的称号。就波德里亚理论思想的解构意义而言，人的主体意识被彻底内爆为不含任何意义的碎片；在那个四周都装上镜子的房间里，人已经无法确认真实的自我存在于何处。同时，波德里亚的后现代理论不仅解构了人的主体意识，而且解构了人的个人身份、私人空间，直至人类的意识活动，最终把人彻底置于物品的包围之中。此外波德里亚后现代理论的建构意义同样是极端的。他通过拟出“类象”概念建立起来的“超真实”世界为人类的后工业时代营造出了一个美轮美奂的消费社会的美丽神话。尽管，众所周知这是一个虚像化的、不存在的世界。但是，它却是我们当下存于其间的“生活世界”，就其与我们的关系而言，它是最真实的世界。这个“真实世界”的建构意义在于它为人类意识的“自由”伸展开拓了空间，也为技术进步的延续性建立了一个合法性的价值体系。不过，有意思的是，作为技术中心论的悲观主义者，波德里亚无意间成为技术进步的立法者。这是波德里亚的吊诡，还是后现代理论的吊诡呢？现在看来无法回答。但可以肯定的是，这些吊诡正是现代资本主义困境与自身矛盾在理论上的延展与投射。也正由于因此，波德里亚理论有别于一般的后现代理论者，而包含了波德里亚对当代资本主义世界更为深层的理论思考。

第二节 中国语境下的波德里亚理论的解构性与建构性

波德里亚理论作为传入中国的理论思想之一，其异质性主要体现在两方面：①存在于消费主义背后的资本主义意识形态；②技术中心主义论（长期以来，技术在中国因被看作是“奇技淫巧”而处于被贬低和轻视的地位，所以，中国既不存在技术中心主义，亦不存在对工具理性的质疑）。

与此相关，波德里亚理论思想的解构性与建构性在中国也注定是一番别样的景象。道理非常简单：第一，当下中国不是资本主义发展的“第四阶段”，也根本不是资本主义社会。因而，波德里亚针对资本主义的种种反思与批判在中国找不到“话语空间”。第二，中国社会发展的不平衡造成了当代中国社会前现代、现代与后现代并存的格局。因此，发生在西方世界的前现代性、现代性与后现代性之间的冲突、摩擦在中国却呈现出多元并存的“和谐”局面。

基于此，在当代中国的现实语境里反思波德里亚理论思想的解构意义和建构意义，与在西方世界的理论视域里不同。

具体来说，在当下中国的理论视域里，波德里亚的理论思想具有三重解构意义与建构意义：

（1）波德里亚的技术哲学把技术，特别是现代传媒技术，作为社会发展的决定力量，赋予其主宰一切的地位。由这些新兴传媒科技制造的数不胜数的、无与伦比的影像奇观构成了今天这个世界最为耀眼的景象。并且，由于媒介科技制造的影像奇迹的依据逻辑是媒介符号的自我指涉，它无关乎主体，亦无关乎客体，只是按照符号自己的发展逻辑制造影像奇迹。例如，由电脑合成的故事情节，其发展变化不是依据社会现实的发展逻辑或者作者的主观意识、主观体验的变化，而是依据电脑技术的进步。因而，随着新技术的推出，全部的影像奇观获得升级，作品之间的差异变成了技术的级差，而同一技术条件下的影像奇观则完全是毫无差异的同类复制。于是，文学艺术作品成为技术主导下的“无物之词”。

波德里亚拟出的这种媒介技术中心主义理论，以符号制造的“超真实”世界来替代我们生活的真实世界，从而拆解了艺术与现实生活的联系，消解了文学艺术的认识作用。传统文艺理论所主张的艺术来源于现实生活的观点在此被替换为艺术的进步取决于媒介技术升级的观点，艺术不再来源于现实生活，它“超越真实的真实，立足于形而下的大众的物质主义的土壤，却蕴含着形而上的颠覆性思维，它是视觉消费冲动下滋生的产物，却模拟着对现实主义无限的怀念和追思。它自我满足，自我完成，不愿与‘现实’发生关系，也不愿意根植于‘现实’，进行复制式的摹本创造”①。其结果是，艺术世界成了媒介自身造就的一个“超真实”世界。因此，对文学艺术源于现实生活的原则以及中国传统诗歌“感物而发”的现实主义精神的背弃成为波德里亚理论在中国的第一重解构。

波德里亚通过“超真实”世界，替代真实世界，拆解艺术与生活真实的联系，其带来的一个后果是，产生了在“超真实”世界里由符号制造的“类象”，“类象”的数量由于失去真实生活的限制而得以无限增殖，最终造成“内爆”。正如维尔什所言，当美的事物到处泛滥时，美便失去了自身的神圣性和尊严，导致了“麻痹化”，或者“非审美化”了。② 因而，艺术符号与真实生活符号的界限、艺术内部的界限、雅俗的界限在“超真实”的世界里全面“内爆”。结果，真实世界解体了，主体人性消解了，艺术世界也消逝了。这就是波德里亚后现代媒介理论的第一重解构的直接后果。

波德里亚理论的建构意义在于其“类象”概念在拆解艺术与生活的联系的同时，使艺术放弃了对现实生活的依赖，实现了艺术彻底的自由。而由于波德里亚的“超真实”世界理论是依据符号逻辑、通过符号自指实现的，因此，艺术的自由获得了一种自律性。于是，戏说而不至于乱，大话而不至于昏。就艺术实践而言，谁能否认当下中国的戏说文本、无厘头作品不是古代神话、两晋志怪小说以及从《西游记》到《聊斋志异》以来的

① 吴炜华：《拟像中国的未完成叙事——路径文化研究的转折点》，《华东理工大学学报》2004 年第 2 期。

② 参阅周宪：《审美现代性批判》，北京：商务印书馆 2005 年版，第 333 页。

又一次别样景观呢？

拆解艺术与生活的联系，就中国的文学实践而言，主要是把文学创作的重心聚焦于文学的传播媒介本身。其结果往往导致一种艺术创作的形式主义倾向。这种形式主义倾向在中国诗歌史上有例证：魏晋时期，由于沈约发现汉语的音律规律而引发学者们对语言媒介的音律美的重视。[①] 梁·萧绎论文笔之辨时曾说："至如文者，惟须绮縠纷披，宫徵靡曼，唇吻遒会，情灵摇荡。"（《金楼子·立言》）把语言的音律之美作为评价文学作品优劣之标准的沈约也在《宋书·谢灵运传论》中说："王褒、刘向、杨、班、崔、蔡之徒，异轨同奔，递相师祖。虽青词丽曲，时发乎篇；而芜音累气，故亦多矣。"而"至于先士茂制，讽高丽赏，子建函京之作，仲宣灞岸之篇，子荆零雨之章，正长朔风之句，并直举胸情，非傍诗史，正以音律调韵，取高前式"，把直抒胸臆、音律谐调看作是评价诗歌的标准。这种追求文学的传播媒介——语言文字——本身的声音之美对当时的文学创作实践带来是两个后果：其一，是文学创作的形式主义泛滥[②]；其二，是格律诗这种诗歌形式的出现。

格律诗的出现揭开了中国诗歌繁荣的一章，创造了中国特有的诗歌样式。但是，与此伴随的诗歌创作的形式主义倾向也由于背弃了中国"诗言志"的传统诗歌理论而一直饱受诟病。显然，对诗歌语言文字本身过分的审美追求不仅影响了情志的抒发，而且妨碍了理性的传达。语言的狂欢、语言的自由嬉戏、对语言文字之美的挖掘既不在客观真实世界，也不在主体情感世界，而在一个语言文字得以安身立命的第三度空间，这就是波德里亚用符号拟就的"类象"世界。在这个虚拟世界中，语言、文字、符号等的物性之美获得了充分表达。这美既无关乎客观的物质世界，也无关乎主体的主观心志，而关乎物品本身：作为纯粹的物性之美，自生自灭、自显自在。它没有客观物质世界所包孕的种种期待意识解析的规律，因而得

① 黄侃认为，"文笔以有韵无韵为分，盖始于声律论既兴之后，滥觞于范晔、谢庄，而王融、谢朓、沈约扬其波……然则属辞为笔，自汉以来之通言；无韵为笔，自宋以后之新说"（《文心雕龙札记》）。转自蔡钟翔等：《中国文学理论史》（第一卷），北京：北京出版社 1987 年版，第 208 页。

② 沈约把声律论凌驾于艺术思维之上，认为"妙达宫商，始可言文"。参阅蔡钟翔等：《中国文学理论史》（第二卷），北京：北京出版社 1987 年版，第 75 页。

以远离概念、远离逻辑，也无须认知；它因没有主观世界天然具有的期待抒发或宣泄的情感与欲念，而远离了利害攸关，因而在彰显美的时候无拘无束、无怨无悔。这种以往仅仅存在于“孰为蝶，孰为我”的庄周梦境，或如佛教的“无念”世界，或如柏拉图所谓的陷入迷狂而回忆天上美景时的天堂世界的“美”，在波德里亚这里、在“第三度空间”里现实地、真切地展现在我们的面前。尽管虚拟，尽管另类，也可把玩，可赏析，不必颠覆惯有的知识与真理，也无须付出私藏的感情与良知。

因而，波德里亚理论对艺术与现实世界的拆解，在使语言、文字、符号等物质媒介的美获得充分舒展的同时，也避免了一直以来形式主义艺术可能陷入的困境。这就是波德里亚理论的第一重建构意义。

（2）“后现代时代是一个感性肉身的时代，是一个图像要取代文字文学的时代，是一个读图时代大于读文时代的图像学世纪。”① 而波德里亚的媒介批评理论则是当代电子媒介勃兴语境下对文化艺术视觉化的理性解释之一。

波德里亚以“类象”、“内爆”、“超真实”三位一体构建媒介理论，其一个结果是实现了能指的漂浮。它在拆解语言文字能指与所指的内在联系的同时凸显了语言的能指这一物理因素。在现代传媒科技高度发达的今天，对语言能指的推崇逐渐演化为能指的视像化，也就是媒介从以语言为中心向以视觉为中心的转换。波德里亚的媒介理论解构了“文学是语言的艺术”这一传统的文学界定，剥夺了语言文字作为文学基本媒介的地位。这就是波德里亚媒介理论的第二重解构意义。

对中国传统的美学思想来说，波德里亚媒介理论的第二重建构意义在于对艺术媒介视觉化的重视。传统中国美学在主观世界、客观世界之间以“言”、“象”作为其媒介，追求一种超出媒介之外的言外之致，即所谓的“象外之象”、“境外之境”。这一审美取向主要源于中国古代传统哲学，如老庄、玄学及禅宗所意指的对语言（名言）描述哲学本体或终极真理之功能的怀疑。他们把“意”作为哲学和艺术的终极追求。因而有王弼所谓：“忘象者，乃得意者也；忘言者，乃得象也；得意在忘象，得象在忘言。”（《周易略例·明象》）但是，在中国艺术史上也有过重视文学媒介而为中

① 王岳川：《质疑“后现代文学性统治”》，《文学自由谈》2004 年第 2 期。

国文学带来的“革命”，例如因沈约的“声律论”而引发的中国古典格律诗对语言文字的音律之美的重视。

因此，波德里亚的媒介技术主义对文学艺术来说，一个最重要的影响就是艺术的视觉化，也就是以“象”代“言”。

如果说从前现代性的审美表意话语向现代性的审美表意话语的转向是一个从“对一种业已存在的力量或事物的因果解释”向“语言表征”[①] 的转向，那么，从现代性的审美表意向后现代性的审美表意的转向就是一个“语言表征”向“符号自我表征”的转向。

这种转向在中国历史上早有端倪。在中国诗歌史上，如果说齐梁时期追求诗歌音律之美的形式主义带有时间性倾向，那么，另一种形式主义，即晚唐至五代时期的淫靡诗风则带有空间性倾向。据张节末考证，产生这一倾向与魏晋以来佛教的盛行和禅宗的勃兴有关。张节末认为中国古代哲学追求一个非常虚灵的概念“意”，如老子所说的：“道，可道，非常道；名，可名，非常名。”（《老子·一章》）又如庄子所说的：“可以言论者，物之粗也，可以意致者，不可以言传也。”这样一种对语言名相不信任的态度，伴随着对不可捉摸，几乎也是不可思议的“意”的珍视，这到了魏晋玄学家王弼那里则演变为“得意忘言”的玄思。而这一玄思与禅宗“无住、无念、无相”的禅观非常相像。禅宗继承印度佛教“真如不可言说”的观念，把语言看作觉悟的障碍，从而呼应了玄学对语言的怀疑态度，把语言仅仅视为工具。[②] 在此，沈约的“声律论”所引发的对文学传播媒介——语言的音律之美的追求被颠覆了。

---

① 参阅周宪：《审美现代性批判》，北京：商务印书馆2005年版，第333页。

② 参阅张节末：《禅宗美学》，杭州：浙江人民出版社1999年版，第296～300页。据张节末考证，佛教因明学是佛教逻辑学，其对“意”的解释涉及两个相对的概念：“言陈”与“意许”。前者相对“自性”而言，指语言文字直接表征的意义；后者相对“差别”而言，指语言没有直接说明的意义。言与意必然因无法达到一致而出现差别，这一点与玄学的言意之辩有某种不期而然的相似，说明中国传统与印度传统在言意关系上是相契的。

隋唐以后，中国诗歌逐渐追求诗的“兴象”①、“意象”②、“兴趣”③、“境界”④，体现出诗歌艺术想象的空间性倾向。中国古典诗歌空间性倾向显示的实际上是诗歌审美从“诗言志”⑤ 所包含的对某种意义或者情感的

---

① “兴象”最早见于殷璠的《河岳英灵集序》，其在序言里批评南朝文风“理则不足，言常有余，都无兴象，但贵轻艳”。有学者认为“兴象”概念是与内容空虚、格调轻靡、形式华艳之作的审美特征相对立的概念。实际上，殷璠用“兴象”来纠正沈约以来的诗歌对语言声律的过分倚重，强调声律只是艺术表现的手段之一，而非艺术表现的唯一标准或对象。殷璠的“兴象”作为诗歌所创造的艺术境界，主要是对盛唐山水隐逸派诗歌审美特征的理论概括。从其对王维等人的诗歌品评来看，“兴象”主要是指一种转瞬即逝的诗歌想象。这种审美特征显然与声律论主导下的、在语言的时间连续性中追逐美的特征不同，体现出一种转瞬即逝的空间感，是中国古典诗歌审美的一次转向。参阅郭绍虞主编：《中国历代文论选》（第二册），上海：上海古籍出版社1979 年版，第 67 页；蔡钟翔等：《中国文学理论史》（第二卷），北京：北京出版社1987 年版，第 79 页。

② “意象”最早见于中国文学批评史的是刘勰所言的“窥意象而运斤”（《文心雕龙·神思》），但文学批评理论“意象”论的形成却是由于司空图的诗歌审美理论。其中，“意象”是与“物象”相对立的概念。司空图说：“诗家之景，如蓝田日暖，良玉生烟，可望而不可置于眉睫之前。”这说明：第一，诗之“意象”作为语言的艺术与绘画、造型艺术不同，不能诉诸人的视觉；第二，诗之“意象”可以在想象的世界里再现，使诗的艺术形象获得类似于“物象”的视觉效果。参阅蔡钟翔等：《中国文学理论史》（第二卷），北京：北京出版社 1987 年版，第 255～258 页。

③ 严羽论诗讲究“兴趣”，所谓“盛唐诗人惟在兴趣，羚羊挂角，无迹可求”，“如空中之音，相中之色，水中之月，镜中之象”，强调诗作为艺术，虽然以语言文字为表达工具（媒介），却不是一种可以填充任何内容的语言形式，而是具有不同于学术、理论的内在特质的意识形态，属于审美活动的范畴。实际上，严羽区分了作为艺术媒介的语言文字与作为意义和思想表达媒介的语言文字的不同，揭示了诗歌语言的形象性、趣味性、非逻辑性、非概念化的审美特质。这种区分也可以表达为从语言文字传达意义的连续性（时间）向语言文字表现审美对象的瞬间性（空间）的转变。参阅蔡钟翔等：《中国文学理论史》（第二卷），北京：北京出版社 1987 年版，第 282～285 页。

④ “境界”说是王国维提出的，“词以境界为上，有境界则自成高格，自有名句”。实际上，不论是以我观物，还是以物观物，或者以自然之眼观物，以自然之舌言物，都是“入乎其内，故能写之；出乎起外，故能观之”。王国维的“境界”概念所意指的正是艺术形象的空间性、瞬间性。参阅王世德主编：《美学词典》，北京：知识出版社 1986 年版，第 189～191 页。

⑤ “诗言志”包含思想与感情两方面的内容。参阅郭绍虞主编：《中国历代文论选》（第一册），上海：上海古籍出版社 1979 年，第 2 页。

表现向诗歌审美的形象化、空间视觉化的转变，是诗歌艺术视觉化的过程。

这种文学艺术的视觉化转向趋势，在当代科学技术高度发达，特别是新兴电子媒介的进步已使图像的生产、剪辑、合成、传输等以至于人们对图像的操纵，就像他们使用语言一样的平常、方便的条件下，昔日那种以“象”代“言”的诉求从可能变成了现实。然而，当艺术依据语言所营造的那些“美丽新世界”在电子比特魔力下真的从想象变为现实的时候，长久以来恪守传统的艺术和审美理念的人们，往往会产生一种困惑：这样的艺术能够被定义为艺术吗？传统的经典艺术又该何去何从？

就中国审美话语的表意实践对传播媒介的重视而言，如果说沈约发现的“声律论”开启了中国格律诗时代，那么，现代传媒科技提供给我们的，在影像的制作、采集、复制、传输等方面的强大能力最终是开启一个“视觉艺术”时代，还是导向一个“艺术终结”时代呢？那些值得我们重视的中国传统美学所强调的“羚羊挂角，无迹可求”、“蓝田日暖，良玉生烟，可望而不可置于眉睫之前”的那种“象外之象”、“韵外之韵”的艺术效果，在现代视觉技术早已使“状难写之景如在目前”不复存在的如今，又如何实现“含不尽之意见于言外”呢？此外，人们质疑，在现代传媒科技的推动下，艺术的视觉化转向是否就必然导致文学的终结呢？难道不可以希冀，传统的中国美学理念与现代视觉技术的结合或许可以开创一个中国文学艺术的新时代吗？作为一种来自于西方世界的异质的文化思想理论，波德里亚的由“类象”、“内爆”、“超真实”三位一体建构的媒介理论告诉了我们在如今这个艺术、生活都视觉化、虚拟化的时代该如何面对虚像化的“类象世界”、如何认识类象生成的符号自我衍生的内在逻辑。

（3）波德里亚理论中国语境的第三重解构意义是对中国传统诗文理论以“诗言志”、“文以载道”为内容的文学主体性的解构。波德里亚的符号媒介理论把艺术形象的生成看作是符号的自我生成，背弃了中国传统文艺理论所谓的“诗言志，歌永言，声依永，律和声”的规律。他的传媒技术理论把媒介置于艺术的中心位置，消解了艺术的主体性和艺术的表征对象——客观世界，使艺术成为电子媒介的“自言自语”。于是，平面化、无中心、无深度成为了中国文学艺术的当代症候之一。波德里亚理论消解主体性的另一个结果是精神家园、理想主义被排除在文学艺术之外，使文学走下了启蒙的神坛，变成媒介的自我嬉戏。

在中国文艺理论史上，理性之道与娱乐之性从来都是一对水火不容的孪生兄弟，文以载道而不挟声色犬马、“情有者，理必无”（汤显祖）。那么，该如何在两者之间取得平衡？对此，只有毛苌把话说得更为圆通：“发乎情，止乎礼义”，但实际上，即使是毛苌本人恐怕也未必相信在“理”与“情”之间能够真正做到“平衡”，所以，孔子感叹：“中庸”者，持之以恒，难矣哉！

对文学娱乐性的追求，在中国历史上，常常表现为对作为媒介的语言文字本身的娱乐性挖掘，如音律之美、文字游戏等，导致了一种文学创作的形式主义倾向，从南北朝齐梁宫体诗到晚唐五代淫艳诗风的泛滥，再到当下文学追求感官刺激、欲望宣泄和语言嬉戏的创作取向，都是对娱乐性过分追求的结果。对此，启蒙与理性常常起而抗击，斥责和阉割艺术的娱乐性诉求，以维护人性之道德与艺术之尊严。然而，真的是“情有者，理必无”，“玩物必然丧志”吗？

波德里亚基于传媒技术的媒介理论在消解主体意识的同时，也在由媒介构建的“超真实”世界里，为我们开辟出一块可以嬉戏、可以癫狂的虚拟空间。在这块“异度空间”之中，人们可以佯狂而不顾人性本我，可以疯癫而放逐文明制度。我们仿佛回到了那超脱与放肆的“竹林世界”，听到了嵇康《广陵散》的飘逸与灵动，看到了阮籍昔日的恣肆与任性。不过，此“竹林世界”早已不是昔时那个逃避某种政治压迫的“世外桃源”，而是人们为享受人类科技进步所带来的无限福祉，在文明与疯癫达成某种默契之后拥有的“乌托邦”。

在这个世界里，人们不必因为娱情而愧对理性，不必因为袒露心扉与肉体而羞言文明。人性之中的娱乐本真获得了完全意义上的合法性而没有了侵蚀理性与文明的合法性基础，能在真实世界与虚拟世界中找到各自安身立命的归宿。此时，回顾毛苌“发乎情，止乎礼义”的无奈叹息，是否会有某种优越感呢？这种优越感应该归于现代传媒科技的胜利，还是应该归于波德里亚后现代媒介批评理论的胜利呢？这无法判断。不过，可以肯定的是，波德里亚的后现代传媒批评理论的确为舒展我们的娱乐本性提供了理论上的合法性。这就是波德里亚理论的第三重建构意义。

波德里亚是法国当代著名的思想家和理论家。在20世纪最后二十年，中国大举引介西方理论思想的浪潮中，波德里亚以他理论思想的独特性而在中国产生了巨大的影响。特别是在2000年以后，随着消费主义的日渐盛行以及新兴电子媒介在国内的日益普及，波德里亚的理论思想（主要是“消费社会”理论和以“类象”、“超真实”、“内爆”为核心概念的媒介批评理论）产生了广泛的影响，而波德里亚成为了中国当下较有影响的西方理论家之一。

从1985年杰姆逊来华讲学介绍波德里亚理论至今，波德里亚理论思想已传入中国29年了。最初，波德里亚理论传入中国是由于杰姆逊应邀来华介绍西方当代理论思想。杰姆逊并非研究波德里亚的专家，只是作为课堂讲述，提到了波德里亚理论，这在当时没有引起中国学者的重视。这一事实说明了波德里亚理论传播到中国的偶然性。此后直到2000年之前的时间里，波德里亚理论在中国也只是被零零星星地提到。一些学者关注波德里亚理论也是出于个人对其理论的爱好与好奇，尽管这期间的波德里亚理论在西方世界如日中天。当然，也有学者出于学术的敏锐，认识到波德里亚理论思想与当代世界社会历史发展的某种内在的一致性。但是，总的来说，这一时期的波德里亚理论思想在中国颇为沉寂，而他的法国同胞，不论是萨特、福柯、利奥塔，还是德里达都相继走红中国。这再次说明了前一个事实，即波德里亚理论来到中国绝非某种“共谋”。

2000年以后，波德里亚理论在中国迅速蹿红。对此，可以解释的一个原因是，现代电子传播媒介在中国的普及以及由此带来的人们审美感知的改变。而为理解现代传媒科技对我们审美感知、审美趣味的影响，波德里亚的理论思想是不能绕开的“存在”。波德里亚理论蹿红中国，显然与中国的社会发展相关，而不是由于某个学者的个人爱好或精彩的理论推介。因此，波德里亚理论传入中国，出于偶然，却盛于必然。这可以用于说明波德里亚理论思想传入中国的价值与合法性。

考察波德里亚理论传入中国的史实是有价值的：一是作为一个用来理解西方理论思想在中国的传播与影响的个例，为我们评价西方理论思想提供某种参考；二是为我们理解、研究他的理论思想提供一个中国背景。

在波德里亚理论思想传入中国的背景下，对波德里亚理论思想的本土化研究，有利于认识波德里亚理论思想在中国是如何被分析、被研究的。

波德里亚理论思想极为庞杂，在诸多西方波德里亚研究者那里，波德里亚理论是难以归类、难以梳理的。不过，在中国，对波德里亚理论思想的接受与传播还是颇为简明的。具体来说，主要是围绕“消费社会”理论和以“类象”、“超真实”、“内爆”为核心概念的媒介批评理论展开的。而这两个理论正是波德里亚理论思想传入中国后提供给中国理论界的“理论资源”。

通过对波德里亚理论思想传入中国的考察与分析，我们认识到波德里亚理论思想作为外来思想文化，其相对于中国思想文化的两种异质性：①存在于消费主义背后的资本主义意识形态；②技术中心主义论。

同时，还获得了如下的认识：①西方理论思想传入中国并非偶然性，也不是依据理论本身延展的逻辑，而是依据社会历史发展对理论的吁求。②不论这些理论如何有先天的“缺陷”，都是由于它们与社会历史发展存在的某种相关性，始终存在一种不能否定的价值（即传播有理）。③任何民族的文化及与之相关的理论思想都是一个开放的体系，异质文化的介入不可避免，只要它符合本民族文化的发展。④对异质文化的分析、批判必不可免，但是需要确定一个基本面，即社会历史发展实践。同时，批判不等于拒斥，对社会历史发展实践来说，理论永远是滞后性的，批判也永远是滞后性的，但理论的传播未必是滞后性的。这就是理论引介的“偶然性”，也是文化传播神话的根源。

参考文献

一、中文文献

1. ［英］安东尼·吉登斯著，赵旭东、方文译：《现代性与自我认同》，北京：生活·读书·新知三联书店 1998 年版。

2. ［英］安东尼·吉登斯著，田禾译：《现代性的后果》，南京：译林出版社 2000 年版。

3. ［法］波德里亚：《酷回忆Ⅱ》（*Cool Memories* Ⅱ，1987－1990）。

4. ［法］波德里亚著，丘德亮、黄建宏译：《海湾战争不曾发生》，台北：麦田出版社 2003 年版。

5. ［法］波德里亚：《遗忘福柯》，［美］道格拉斯·凯尔纳、斯蒂文·贝斯特著，张志斌译：《后现代理论——批判性的质疑》，北京：中央编译出版社 2001 年版。

6. ［法］波德里亚著，王为民译：《完美的罪行》，北京：商务印书馆 2000 年版。

7. ［法］波德里亚著，张新木、李万文译：《冷记忆 1》，南京：南京大学出版社 2008 年版。

8. ［法］波德里亚著，张新木、王晶译：《冷记忆 2》，南京：南京大学出版社 2009 年版。

9. ［法］波德里亚著，张新木、陈旻、李露露译：《断片集——冷记忆 3》，南京：南京大学出版社 2009 年版。

10. ［法］波德里亚著，张新木、陈凌娟译：《冷记忆 4》，南京：南京大学出版社 2009 年版。

11. ［法］波德里亚著，张新木、姜海佳译：《冷记忆 5》，南京：南京大学出版社 2009 年版。

12. ［法］波德里亚著，林志明译：《物体系》，上海：上海人民出版社 2001 年版。

13. ［法］波德里亚著，刘成富、全志钢译：《消费社会》，南京：南京大学出版社 2000 年版。

14. ［法］波德里亚著，仰海峰译：《生产之镜》，北京：中央编译出版社 2005 年版。

15. ［法］波德里亚：《仿真与拟像》，汪民安、陈永国、马海良等主编：《后现代性哲学话语：从福柯到赛义德》，杭州：浙江人民出版社 2000 年版。

16. ［法］波德里亚著，马海良译：《象征交换与死亡》，《外国文学》2000 年第 2 期。

17. ［法］波德里亚著，车槿山译：《象征交换与死亡》，南京：译林出版社 2009 年版。

18. ［法］波德里亚著，夏莹译：《符号政治经济学批判》，南京：南京大学出版社 2009 年版。

19. 陈立旭：《现代传媒变革与文化革命》，来源于"文化研究网"。

20. 陈昕、黄平：《消费主义文化在中国社会的出现》，发布于"世纪中国网"。

21. 程小牧：《鲍德里亚的新理论地带》，《河北学刊》2003 年第 6 期。

22. 成伯清：《消费主义离我们有多远》，《江苏行政学院学报》2001 年第 2 期。

23. 成伯清：《现代消费与青年文化的建构》，周晓虹主编：《大过渡时期的中国青年》，南京：南京大学出版社 2000 年版。

24. ［美］大卫 · 里斯曼著，王昆、朱虹译：《孤独的人群》，南京：南京大学出版社 2002 年版。

25. 戴阿宝：《鲍德里亚：超真实的后现代视界》，《外国文学》2004 年第 3 期。

26. 戴阿宝：《鲍德里亚媒介理论的若干问题》，《外国文学评论》2004 年第 2 期。

27. ［美］戴维 · 哈维著，阎嘉译：《后现代的状况——对文化变迁之缘起的探究》，北京：商务印书馆 2004 年版。

28. ［美］道格拉斯 · 凯尔纳著，李卫华译：《波德里亚：一个新麦克卢汉》（节选），《问题》（第二辑），北京：中国人民大学出版社 2003 年版。

29. ［美］道格拉斯·凯尔纳著，陈维振等译：《波德里亚：一个批判性读本》，南京：江苏人民出版社 2005 年版。

30. 杜书瀛：《文艺学向何处去》，《文艺争鸣》2004 年第 6 期。

31. 范玉刚：《消费主义时代文学何为——对当下文学现象的一种批评》，《当代文坛》2005 年第 3 期。

32. 冯俊等：《后现代主义哲学讲演录》，北京：商务印书馆 2003 年版。

33. ［加］菲利普·马尔尚著，何道宽译：《麦克卢汉：媒介及信使》，北京：中国人民大学出版社 2003 年版。

34. 高亚春：《对现代性质疑的基本立场》，《自然辩证法研究》2005 年第 2 期。

35. 顾铮：《后现代摄影概览》，《国外后现代摄影》，南京：江苏美术出版社 2003 年版。

36. ［加］伊尼斯著，何道宽译：《帝国与传播》，北京：中国人民大学出版社 2003 年版。

37. 郝雨：《中国现代文化的发生与传播——关于五四新文化运动的传播学研究》（第二版），上海：上海大学出版社 2004 年版。

38. 黄淑娉、龚佩华：《文化人类学理论方法研究》，广州：广东高等教育出版社 1996 年版。

39. ［美］J. 亨利斯·米勒：《全球化电信时代文学研究的命运》，王宁：《全球化与文化：西方与中国》，北京：北京大学出版社 2002 年版。

40. 季桂保：《让·鲍德里亚的大众传媒述评》，《学术月刊》1999 年第 6 期。

41. 季桂保：《让·鲍德里亚的后现代文化观》，《电影艺术》2000 年第 4 期。

42. 蒋原伦：《90 年代批评》，天津：天津社会科学院出版社 2000 年版。

43. ［美］杰姆逊著，唐小兵译：《后现代主义与文化理论》，北京：北京大学出版社 1997 年版。

44. ［美］詹明信著，张旭东编，陈清侨译：《晚期资本主义的文化逻辑》，北京：生活·读书·新知三联书店 1997 年版。

45. ［美］马克·波斯特尔、金惠敏：《无物之词——马克·波斯特尔如是说》，发布于“文化研究网”。

46. 金元浦：《消费是当代社会的神话》，《中华读书商报》，2001 年 6 月 7 日。

47. 金元浦：《消费美丽：时代的文化症候》，《粤海风》2005 年第 4 期。

48. 孔明安：《鲍德里亚后期的技术哲学思想》，《自然辩证法研究》2003 年第 5 期。

49. 孔明安：《技术、虚像与形而上学的命运——鲍德里亚对形而上学问题的哲学反思》，《哲学动态》2002 年第 10 期。

50. 孔明安：《从媒体的象征交换到“游戏”的大众——鲍德里亚的大众媒体批判理论研究》，《南京大学学报》2004 年第 2 期。

51. 孔明安：《物·象征·仿真》，芜湖：安徽师范大学出版社 2010 年版。

52. 李彬：《传播符号：从方法论到本体论》，《中国传媒报告》（香港）2003 年第 1 期。

53. 李诚、阎嘉：《消费时代的文学与文化研究走向》，《文学评论》2004 年第 6 期。

54. 李西建：《消费时代与文艺学研究的问题性》，《陕西师范大学学报》2005 年第 2 期。

55. ［法］列菲弗尔著，李元明译：《马克思主义的当前问题》，北京：生活·读书·新知三联书店 1986 年版。

56. 林志明：《布希亚论摄影》，《影像的社会实践》，中华摄影教育协会，2000 年。

57. 林扶叠：《恐惧、技术、波德里亚——〈黑客帝国〉的意识形态源头》，《东方》2003 年第 9 期。

58. 刘燕：《鲍德里亚的后现代传媒理论与媒介现实的构建》，《国际新闻界》2005 年第 3 期。

59. 罗钢：《总序〈消费社会：从福特主义到后福特主义〉》，罗钢、王中忱主编：《消费文化读本》，北京：中国社会科学出版社 2003 年版。

60. ［英］马丁·阿尔布劳著，高湘泽、冯玲译：《全球时代——超越现代性之外的国家和社会》，北京：商务印书馆 2001 年版。

61. 马海良：《鲍德里亚：理论的暴力，仿真的游戏》，《外国文学》2000 年第 2 期。

62. ［德］马克思、恩格斯著，中共中央马克思恩格斯列宁斯大林著作编译局译：《马克思恩格斯全集》（第 46 卷），北京：人民出版社 1979 年版。

63. ［德］马克思：《〈政治经济学批判〉导言》，《马克思恩格斯选集》（第一卷），北京：人民文学出版社 1972 年版。

64. ［美］马泰·卡林内斯库著，顾爱彬、王瑞华译：《现代性的五副面孔》，北京：商务印书馆 2002 年版。

65. ［英］迈克·费瑟斯通著，刘精明译：《消费文化与后现代主义》，南京：译林出版社 2000 年版。

66. ［加］麦克卢汉著，何道宽译：《理解媒介》，北京：商务印书馆 2001 年版。

67. 孟建：《视觉文化传播时代的来临》，来源于“视觉空间网”。

68. 宁逸：《消费社会的文学走向》，发布于“文化研究网”。

69. 潘小松：《美国文化研究中的消费主义问题》，《粤海风》2005 年第 1 期。

70. 饶芃子等：《中西比较文艺学》，北京：中国社会科学出版社 1999 年版。

71. ［美］萨拉·休恩梅克：《资本主义与编码：对波德里亚第三秩序拟像的批判》，［美］道格拉斯·凯尔纳著，陈维振等译：《波德里亚：一个批判性读本》，南京：江苏人民出版社 2005 年版。

72. 沙莲香：《传播学》，北京：中国人民大学出版社 1990 年版。

73. 邵燕君：《倾斜的文学场——当代文学生产机制的市场化转型》，南京：江苏人民出版社 2003 年版。

74. 盛宁：《人文困惑与反思》，北京：生活·读书·新知三联书店 1997 年版。

75. ［英］史蒂文·康纳著，严忠志译：《后现代主义文化——当代理论导引》，北京：商务印书馆 2002 年版。

76. 石义彬：《单向度、超真实、内爆——批判视野中的当代西方传播思想研究》，武汉：武汉大学出版社 2003 年版。

77. ［美］斯蒂文·贝斯特、道格拉斯·凯尔纳著，陈刚译：《后现代转向》，南京：南京大学出版社 2002 年版。

78. 童庆炳：《全球化时代的文学和文学批评会消失吗？——与米勒先生对话》，《社会科学辑刊》2002 年第 1 期。

79. 王岳川：《中国镜像：90 年代文化研究》，北京：中央编译出版社 2001 年版。

80. 王岳川：《中国后现代话语》，广州：中山大学出版社 2005 年版。

81. 王岳川：《二十世纪西方哲性诗学》，北京：北京大学出版社 1999 年版。

82. 王岳川：《消费社会中的精神生态困境——博德里亚后现代消费社会理论研究》，《北京大学学报》（哲学社会科学版）2002 年第 4 期。

83. 王岳川：《消费主义危害与中国当代文化立场》，《中华艺术报》，2004 年 12 月 17 日。

84. 吴炜华：《拟像中国的未完成叙事——路径文化研究的转折点》，《华东理工大学学报》2004 年第 2 期。

85. 吴兴明：《反思波德里亚：我们如何理解消费社会》，《四川大学学报》2006 年第 1 期。

86. 吴子林：《“文学终结论”刍议》，《文艺评论》2005 年第 3 期。

87. 肖建华、肖明华：《试论消费社会的文学走向——为宁逸先生一辩》，《青年思想家》2004 年第 2 期。

88. 徐崇温：《“西方马克思主义”》，天津：天津人民出版社 1982 年版。

89. ［法］雅克·德里达著，何一译：《马克思的幽灵——债务国家、哀悼活动和新国际》，北京：中国人民大学出版社 1999 年版。

90. 仰海峰：《中译本序言》，［法］波德里亚著，仰海峰译：《生产之镜》，北京：中央编译出版社 2005 年版。

91. 仰海峰：《走向后马克思：从生产之镜到符号之镜》，北京：中央编译出版社 2004 年版。

92. 仰海峰：《功能化时代的物的意义形态批判》，《福建论坛》2003年第3期。

93. 仰海峰：《消费社会批判理论评析——鲍德里亚〈消费社会〉解读》，《长白学刊》2004年第3期。

94. 仰海峰：《马克思哲学与古典政治经济学：一种后现代的挑战》，《理论探讨》2003年第5期。

95. 仰海峰：《后生产时代、符号的造反与激进批判理论》，《南京大学学报》2004年第2期。

96. 仰海峰：《从西方马克思主义到后马克思主义思潮》，《南京大学学报》2003年第2期。

97. 仰海峰：《生产理论与马克思哲学范式的新探索》，《中国社会科学》2004年第4期。

98. 杨斌：《消费文化与中国20世纪90年代美术》，《美术观察》2005年第4期。

99. 杨大春、尚杰编：《当代法国哲学诸论题——法国哲学研究》，北京：人民出版社2005年版。

100. 俞吾金等：《现代性现象学：与西方马克思主义者的对话》，上海：上海社会科学院出版社2002年版。

101. 余凤威：《鲍德里亚理论思想概述》，http：//www. culstudies. com/plus/view. php？aid =1785。

102. ［美］约翰·斯道雷著，杨竹山、郭发勇、周辉译：《文化理论与通俗文化导论》，南京：南京大学出版社2001年版。

103. ［美］约翰·菲斯克等著，李彬译注：《关键概念：传播与文化研究辞典》，北京：新华出版社2004年版。

104. 张一兵、胡大平：《西方马克思主义的历史逻辑》，南京：南京大学出版社2003年版。

105. 张一兵：《后马克思思潮不是马克思主义》，《南京大学学报》2003年第2期。

106. 张一兵：《反鲍德里亚》，北京：商务印书馆2009年版。

107. 赵剑英、孙辉整理：《推进马克思主义理论研究和建设工程的重要平台——四届“马克思哲学论坛”学术回顾与展望》，《中国社会科学院

“摆阔性消费”解释为有闲绅士的特权。① 这种“摆阔性消费”与以前不同的地方，就是在“使用价值”的消费之外，衍生出物品的文化符号的消费。

这种“使用价值”之外的消费给资本主义“寻找消费者”以启示。因为，大规模的资本主义生产使物品“短缺”的时代过去了，“需要”不再成为消费的前提。如何在“短缺”消失、“需要”衰退的情况下推动生产扩大化，在物品的“使用价值”之外寻找消费对象，成为“寻找消费者”的一个路径。

由于“夸示性消费”主体的上层社会身份，他们的消费行为引领了一个时代、一个社会的消费时尚，塑造了消费典范。这就是资本主义消费社会“模范”的雏形。

“寻找消费者”的另一个策略，就是“制造消费者”。现代大众传播媒介的技术进步，为更大范围传播和推广有闲阶级的消费方式提供了可能，使上层社会形成的消费范例成为下层社会大众梦寐以求的“模范”，在填平上层社会与下层社会之间的“鸿沟”的同时，建立起下层社会通往上层社会的有序的、等级分明的“差异系列”，从而在完成上层社会对下层社会的“意识形态控制”的同时，为资本主义扩大再生产提供了源源不断的消费者。这就是卢卡奇、阿多诺、马尔库塞和列菲弗尔所批判的当代资本主义的消费意识形态。

迈克·费瑟斯通总结了现代资本主义消费社会的基本特征：①消费文化是以资本主义商品生产的扩张为前提的，即进入丰盈社会，“短缺”和“需要”不再是社会消费的动因。②人们以消费商品之间的差别来区分自己与别人的社会地位和等级，即社会消费在使用价值的消费之外，还有文化符码的消费。社会消费成为人们彰显身份的路径之一。③人们通过消费文化影像获得情感快乐、梦想和欲望，在“娱乐至死”的口号里，追逐快感的满足。②

“虽然消费产生于一切人类文化之中，但只有在后现代文化中消费才

---

① 参阅［美］凡勃伦著，蔡受百译：《有闲阶级论：关于制度的经济研究》，北京：商务印书馆 1964 年版，第 55 ~ 80 页。

② 参阅［英］迈克·费瑟斯通著，刘精明译：《消费文化与后现代主义》，南京：译林出版社 2000 年版，第 18 ~ 38 页。

真正大规模地表现为社会的一个根本性而非附带性的特征。”①

二、波德里亚的“消费社会”理论

一般来说，西方世界消费社会的形成大约是在20世纪的六七十年代，其最突出的表征就是消费不再取决于人们的真实需求，社会商品及其形象演变为一个巨大的没有所指的能指，不断地刺激人们的欲望，使整个社会陷入一种非理性的狂欢之中，人们被欲望包围着，成为没有精神、没有灵魂的消费机器、欲望机器。对此，当时的知识界纷纷予以关注，如萨特的关于“社会集团”的形成与分解的研究、列菲弗尔的关于“现代的日常生活批判”的研究、马尔库塞对“单向度的人”的分析、葛兰西的关于社会的意识形态和文化上的“领导权”的分析、阿多诺对“文化工业”的批判、德波对当代资本主义“景观社会”的反思等，均是基于消费社会所引发的对当代资本主义社会的种种变异作出的思考。在此，值得特别说明的是，“消费社会”概念已经不再是指涉一种生活方式或一种社会文化现象，而是意味着一次价值意识形态的重构，消费的意识形态逐渐成为资本主义意识形态的当代形式。当然，“尽管，消费主义的确将资本主义推向了一个新阶段，但是，并不妨碍在社会风尚和生活方式层面理解‘消费社会’”②。

消费主义堪称现代资本主义社会的主导意识形态。在现代传媒科技提供的种种虚幻的情境中，资本主义社会通过消费掩盖了政治、宗教、种族等差别，使人们获得了一种看似平等、自由的地位，而消费则成为划分社会阶层的主要依据。

波德里亚的“消费社会”概念是基于上述对消费社会的一般意义的理解，作为对晚期资本主义意识形态的揭示提出的。马克思在《哲学的贫困》中，把资本主义的发展分为前商品、商品和商品化三个阶段，其中商品化阶段的重要表征就是过去一向被认为不能买卖的精神的或物质的东西

① 参阅许欢：《一个关于幸福的传说——从波德里亚的〈消费社会〉说起》，《中国图书评论》2004年第3期。

② 参阅潘小松：《美国文化研究中的消费主义问题》，《粤海风》2005年第1期。

都成为了买卖的对象。波德里亚认为消费社会是资本主义发展的第四阶段。[①] 从资本主义社会的商品化阶段到消费社会，呈现出某种断裂，即生产与消费的主从关系发生了颠倒，消费构成了当下资本主义社会的内在逻辑，成为社会生活围绕其旋转的轴心。

波德里亚“消费社会”概念的核心思想可以拟出如下两个方面：

其一，从符号学的意义上看，消费社会之“消费”不只是物品本身的消费，在“实用价值”之外，人们更在意商品意义的消费。因此，在消费社会里，往往是物品的意义决定商品的价值。因为“消费社会在本质上是一个消费与意义紧密粘连，在消费中含有‘意义’、意义寄身于消费、在消费中交流意义的社会”[②]。有学者认为，“对消费活动的符号性取定和确定，是波德里亚整个消费社会理论的逻辑基础”[③]。

波德里亚认为自有商品生产以来共出现过四种“商品逻辑”：①实际演算逻辑，即使用价值逻辑；②等同性逻辑，即交换价值逻辑；③模糊性逻辑，即象征交换逻辑；④差异性逻辑，即符号价值逻辑。

在资本主义消费社会里，商品的运行逻辑是依据符号价值逻辑实现的。在商品的使用价值之外，通过文化符号建立起商品的差异体系。受巴特符号学的影响，波德里亚把无穷无尽、无比丰富的商品看作一个由一整套符号价值链控制的商品系列。商品的价值，在其使用价值之外，取决于它在这个符号体系中的位置。这种符号逻辑的转向表明消费社会资本剥削的深化，因为“消费必然导致对记号进行积极的操纵，这是记号与商品联合生产‘商品—记号’的晚期资本主义的核心。能指的自主性意味着通过诸如媒体与广告对记号的操纵，使记号自由地游离物体本身，并运用于多样性的相互联系之中”[④]。波德里亚批判资本主义消费社会的一个理由，就是资本不再是通过控制物质生产以攫取财富，在后工业时代，资本转向通

---

① 也有学者把消费主义称为新资本主义。参阅潘小松：《美国文化研究中的消费主义问题》，《粤海风》2005 年第 1 期。

② 杨斌：《消费文化与中国 20 世纪 90 年代美术》，《美术观察》2005 年第 4 期。

③ 吴兴明：《反思波德里亚：我们如何理解消费社会》，《四川大学学报》2006 年第 1 期。

④ ［英］迈克·费瑟斯通著，刘精明译：《消费文化与后现代主义》，南京：译林出版社 2000 年版，第 21 页。

过控制符号生产来攫取财富。这就是资本主义在后工业时代的“意识形态策略”，也是消费社会的深层逻辑。这是更具隐蔽性、欺骗性，更精巧，也更高效率的一种从暴力结构转向非暴力结构的资本主义“剥削策略”。

在传统的商品社会里，“炫耀性”消费和商品等级差异的建立还离不开商品的使用价值。要成为上等的“商品”还必须在功能、精致度、美观度、稀缺度、制作难度等方面出类拔萃，卓尔不群。

波德里亚认为，在后工业时期，商品的等级差异与其“使用价值”本身无关。从巴特的符号学出发，波德里亚发展出一整套的“商品符号学理论”。这套理论有两个核心概念：模范和系列。

对于传统的商品社会来说，“模范”就是上层社会“炫耀性”消费的商品。在传统的商品社会里，“模范”的作用经历了“身份差别确认”到“引导消费时尚”的变化。这时，“模范”成为下层社会普遍仿效的对象。作为最高经典的代表，“模范”与“系列”形成对位关系，普通的商品根据仿效“模范”的真实度确定自己在“差异系列”中的位置。越是接近“模范”，就越“高级”，反之就越“低级”。由于作为经典的“模范”少之又少，因此对于下层社会的普罗大众来说，这些精品几乎是永远不可企及的。所以，“模范”和“系列”之间只能是一种隔河相望的仿效关系。不过，对于“模范”的仿效总有达到极限的时候，在这一过程中，“模范”的使用价值并未消减，而失去的是作为仿效对象的符号价值。尽管“模范”本身并未失去什么，但它总有失效的时候，因而需要不断地更换。这样，“模范”与“系列”形成仿效和摆脱的逻辑关系。这就是传统商品社会的“等同性逻辑”。

在后工业时代，波德里亚认为，在资本增值逻辑的推动下，商品生产的无限加速，导致商品种类越来越多，商品之间的差别越来越小，商品的“系列”链越来越长，利用商品的功能来确定商品的差异——随着这种“差异”的趋零化——建立差异清晰的商品“系列”就越来越困难了。于是，商品的差异与商品的功能渐渐脱离，最终，商品功能上的差异变成了文化符码上的差异。商品的使用价值与交换价值相分离。此外，由于要满足无限加速的商品生产，“模范”的更换也在加速。当社会生产无法制作足够多的“经典”、“模范”以供其与“系列”形成商品交换的“等同性逻辑”时，“模范”的使用价值与其作为仿效对象的符号价值就难以保持